根据教育部《中小学书法教育指导纲要》和《义务教育语文课程标准》编写

规范书写知识与能力

偏旁部首

张文云 主编

民主与建设出版社

·北京·

图书在版编目（CIP）数据

规范书写知识与能力. 偏旁部首 / 张文云主编. --
北京：民主与建设出版社, 2023.9
ISBN 978-7-5139-4348-2

Ⅰ.①规… Ⅱ.①张… Ⅲ.①书法课 – 中小学 – 教学
参考资料 Ⅳ.①G634.955.3

中国国家版本馆CIP数据核字（2023）第171935号

规范书写知识与能力·偏旁部首
GUIFAN SHUXIE ZHISHI YU NENGLI PIANPANG BUSHOU

主　　编	张文云
责任编辑	董　卉　唐　睿
封面设计	张雪剑
出版发行	民主与建设出版社有限责任公司
电　　话	（010）59417747　59419778
社　　址	北京市海淀区西三环中路10号望海楼E座7层
邮　　编	100142
印　　刷	廊坊市旭日源印务有限公司
版　　次	2023年9月第1版
印　　次	2024年2月第1次印刷
开　　本	710毫米×1000毫米　　1/16
印　　张	10
字　　数	213千字
书　　号	ISBN 978-7-5139-4348-2
定　　价	168.00元

注：如有印、装质量问题，请与出版社联系。

前　言

自党的十八大以来，以习近平同志为核心的党中央高度重视中华优秀传统文化的传承发展，始终从中华民族最深沉精神追求的深度看待优秀传统文化，从国家战略资源的高度继承优秀传统文化，从推动中华民族现代化进程的角度创新发展优秀传统文化。习近平总书记指出："博大精深的中华优秀传统文化是我们在世界文化激荡中站稳脚跟的根基。""讲清楚中华优秀传统文化是中华民族的突出优势，是我们最深厚的文化软实力。"

汉字和以汉字为载体的中国书法是中华民族的文化瑰宝，它与中国文化相表里，与中华民族精神成一体。中国的书法教育有悠久的历史。除了在民间流行的师徒相传的书法教育外，官办机构也有书法教育的内容。据《周礼·地官·保氏》记载，"六艺"的教育内容中就包括书法。后来，汉代的鸿都门学、唐代的弘文馆等，都是包括书法教育在内的文化机构。特别是在唐代，国子监中就设有书法教育的书学；在选拔人才时，还有"以书取士"的制度。

当下，书法教育成为国家文化发展和教育发展两大战略的交汇点，开展书法教育是贯彻党的二十大精神中发展素质教育、传承中华优秀传统文化、推进文化自信自强的重要体现和具体行动。教育部高度重视书法教育，1998 年印发《九年义务教育全日制小学写字教学指导纲要（试用）》，2002 年印发《关于在中小学加强写字教学的若干意见》，2011 年印发《关于中小学开展书法教育的意见》，2013 年印发《中小学书法教育指导纲要》（以下简称《纲要》）。从写字教学到书法教育，从意见到纲要，教育部对书法教育的重视程度上升到前所未有的高度。

2013 年是我们国家"十二五"规划的第三年，《纲要》印发以后，全国涌现了一大批书法教育的课题研究，我们也进行了规范汉字书法教育研究与实践，从 2014 年到 2019 年这五年当中，我们进行了深入的研究，有几项创新，譬如：习字格的创新、学习内容的创新设计，这当中最关键的一项创新，是我们把传统的写字课程和现代信息技术融合，研发了规范汉字书写数字化教学系统。2020 年，我们申报了"十三五"的课题，在"十二五"课题研究的基础上进一步深入研究书法教育的学科规范与课程教学模式的创新。

河北省教育厅关心下一代工作委员会持续发挥"五老"优势，着力为青少年成长成才办实事解难事，一直关注教育、引导、关爱青少年规范书写，在规范书写教学方面发挥着独特优势和重要作用。2021 年，河北省教育厅关心下一代工作委员会联合河北省语言文字工作者协会、河北省教育捐助爱心联合会共同发起全省性的规范汉字书写实验教学。实验教学以规范汉字书写数字化教学系统为工具，检验它的教学效能，推进规范汉字书写教学高质量发展。

为了指导规范汉字书写实验教学，我们依据《义务教育语文课程标准（2011 年版）》编写了这套中小学"规范书写知识与能力"丛书。2022 年 4 月教育部印发《义务教育语文课程标准（2022 年版）》后，我们根据新课标进行了修订。这套"规范书写知识与能力"丛书是分学段编写的，可帮助教师循序渐进地安排学习内容，设计学习活动，落实学习目标。

依照《纲要》，我们安排的硬笔课程贯穿义务教育阶段，软笔课程从三年级开始设置，学习内容为欧阳询楷书。课程安排注重循序渐进，由浅入深，从汉字的基本笔画、偏旁部首、组合规律，到运笔、结体和章法，分编若干模块，模块内容按"讲"设置，教师可以根据实际合理安排教学。

原国家语言文字工作委员会成员、语文出版社副编审、《语言文字报》主编、中国语文报刊协会规范汉字书写专业委员会副理事长于茂宏先生，中国硬笔书法协会副主席、中国楹联学会名誉副会长陈联合先生，非常关心本书的编写，给予指导，对此我们深表谢意。参与本书编写的成员，有中国书法家协会会员、中国硬笔书法协会会员，有书法注册讲师，有基层老师和干部，经验丰富但囿于学识水平，不妥与疏忽之处在所难免，若各地教师在使用过程中发现问题，请及时反馈给我们，以便再版时修正。

编委会

2023 年 5 月

目　录

第一编　讲授内容

（一）硬笔部分　三年级

（二）硬笔部分　四年级

（三）软笔部分　三年级

（四）软笔部分 四年级

第二编　讲授方法

第三编　书法文化与欣赏

第一编 讲授内容

（一）硬笔部分 三年级

第1讲 日字旁

一、学习目标

1.引导学生观察日字旁字形笔画。

2.掌握日字旁的书写方法及笔画之间的对应关系。

3.感受书写美，激发学生的书写兴趣，培养学生良好的书写习惯。

二、学习重点、难点

重点：日字旁的书写技巧，日字旁在字的左侧时，位置居中或偏上。

难点：日字旁的书写要窄不能宽。

三、实操过程

（一）书写技巧

1.引导学生思考"日"字和日字旁的特点，并进行比较。

2.起笔对左点，折对左中点，日写窄，两竖垂直，三横等距。

（二）示范字指导

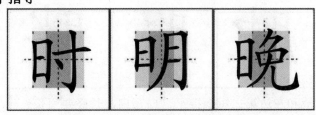

时：日写窄，居左两点区域，寸的横画低，竖钩起笔对右上中点，钩最低，点写高。

明：竖撇起笔对左折，月写窄，横折钩的竖画写垂直，两个短横平行等距。

晚：短撇起笔高于左横，口写扁，撇画伸展，竖弯钩收笔至右界点。

应提醒学生注意观察不同结构的字起笔的位置不同，要求学生注意在书写时做到下笔位置准确。

（三）拓展练习

书写提示：左右结构，左窄右宽；左侧部分小，应当靠左上书写。

四、课堂总结

　　总结日字旁以及日字旁汉字的书写方法与技巧，针对学生在书写中出现的问题，应提醒学生纠正。日字旁书写结合右半部分，适当调整偏旁大小及摆放位置，一般来讲，右半部分需大于左半部分，且左部书写应较窄，整体呈现左收右放的形态。"时"字书写时日字旁应居右部"寸"的中间，形窄；"明""晚"二字书写时日字旁应居中间靠上，避让右部撇画或长撇。

第2讲 月字旁

一、学习目标

　　1. 引导学生观察月字旁字形笔画。

　　2. 掌握月字旁的书写方法及笔画之间的对应关系。

　　3. 感受书写美，激发学生的书写兴趣，培养学生良好的书写习惯。

二、学习重点、难点

　　重点：月字旁的书写技巧，月字旁要写窄。

　　难点：月字旁第一笔撇画是竖撇，其中竖的部分不容易写正确。

三、实操过程

　　（一）书写技巧

　　1. 引导学生思考"月"字和月字旁的特点，并进行比较。

　　2. 月写窄，竖撇略长，起笔对左上点，折对左中点，两短横偏上，横横平行。

　　（二）示范字指导

　　肿：短竖画起笔和左边第二短横持平，口写扁，长竖要写长。

　　服：写右看左，横折钩起笔对左横，竖写长，又写小，捺伸展。

　　胖：右侧点低撇高，两横平行，上短下长，横中写竖，竖垂直写长，对右中点。

　　应提醒学生注意观察不同结构的字起笔的位置不同，要求学生注意在书写时做到下笔位置准确。

　　（三）拓展练习

　　书写提示：左右结构，左窄右宽，写右看左，左右对应。

四、课堂总结

总结月字旁以及月字旁汉字的书写方法与技巧，针对学生在书写中出现的问题，应提醒学生纠正。竖笔平行，内部横画均连左不连右，示范字"肿""胖"二字，两横平行，突出主笔为竖画，竖画较长，起笔收笔位置均长于月字旁；"服"字捺画伸展，略宽于上部横折钩。

第3讲 贝字旁

一、学习目标

1. 引导学生观察贝字旁字形笔画。

2. 掌握贝字旁的书写方法及笔画之间的对应关系。

3. 感受书写美，激发学生的书写兴趣，培养学生良好的书写习惯。

二、学习重点、难点

重点：贝字旁的书写技巧，"贝"字是长形字，要写窄。

难点：竖写直；在左，点写小；在下，点写长。

三、实操过程

（一）书写技巧

1. 引导学生思考"贝"字和贝字旁的特点，并进行比较。

2. 贝字旁呈窄长形，第一笔竖对左点，横折横短折长，两竖挺直有力，撇对横中，点要写小。

（二）示范字指导

贴：左右同宽，右侧竖起笔最高，对右中点，口勿大，呈倒梯形，底部平稳。

财：左窄右宽，贝居左上，横中偏右写竖钩，竖钩最低，过下点，撇收短，找点尾。

贵：上下窄中间宽，口写扁，竖垂直居中，长横伸展至左右界点，上下对应，撇头对上竖，贝与口同宽，对位左右中点。

应提醒学生注意观察不同结构的字起笔的位置不同，要求学生注意在书写时做到下笔位置准确。

（三）拓展练习

书写提示：左右对应；上下对正。

四、课堂总结

总结贝字旁以及贝字旁汉字的书写方法与技巧，针对学生在书写中出现的问题，应提醒学生纠正。贝字是瘦长形字，做偏旁时也要写得瘦长，竖写直，横收短；在左右结构中，点写小，在上下结构中，点写长。

五、同步拓展

在左右结构中，左侧部件有框型结构的字，书写时注意竖画参照十字八点格的左点。

第4讲 火字旁

一、学习目标

1.引导学生观察火字旁字形笔画。

2.掌握火字旁的书写方法及笔画之间的对应关系。

3.感受书写美，激发学生的书写兴趣，培养学生良好的书写习惯。

二、学习重点、难点

重点：火字旁的书写技巧，火字旁要写窄。

难点：撇画的书写角度。

三、实操过程

（一）书写技巧

1.引导学生思考"火"字和火字旁的特点，并进行比较。

2.火字旁左点低，起笔对左点，短撇稍高，第三笔撇先竖后撇，捺变点，要写小。

（二）示范字指导

灯：左窄右宽，丁的横画起笔在撇下，横中写竖，竖钩最低，对下点。

烂：火字旁写窄，撇画收笔最低；兰的左点低；右撇高，对左撇头；第一横写短，对短撇尾；三横平行等距；底横稍平，起笔在点尾。

焚：林写扁，两横左右对应，两短竖左低右高，对左右中点，捺画变点，火写扁，点撇上移，撇捺伸展，底部平稳。

应提醒学生注意观察不同结构的字起笔的位置不同，要求学生注意在书写时做到下笔位置准确。

（三）拓展练习

书写提示：左右结构，左窄右宽，在观察字的高低点时，火字旁可看作"竖"。

四、课堂总结

总结火字旁以及火字旁汉字的书写方法与技巧，针对学生在书写中出现的问题，应提醒学生纠正。注意火字书写时的笔顺；示范字"灯"的两部分左高右低；"烂"字左右同高；"焚"字林的两个木左低右高，左右对应，火的捺画伸展写长，收笔低于左撇。

第5讲 禾字旁

一、学习目标

1. 引导学生观察禾字旁字形笔画。

2. 掌握禾字旁的书写方法及笔画之间的对应关系。

3. 感受书写美，激发学生的书写兴趣，培养学生良好的书写习惯。

二、学习重点、难点

重点：禾字旁的书写技巧，禾字旁右侧齐平。

难点：平撇的书写角度；平撇与横画的距离要近。

三、实操过程

（一）书写技巧

1. 引导学生思考"禾"字和禾字旁的特点，并进行比较。

2. 首撇平，横画变短，微上扬，竖画中间偏右，撇画伸展，捺画变点，起笔在竖中。

（二）示范字指导

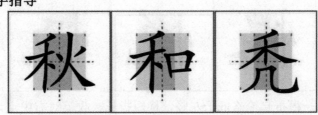

秋：左偏旁右平切，写右看左，左点在横尾，短撇稍高，撇捺伸展，底部持平。

和：禾写长，撇横紧凑，竖对左中点，口的竖画起笔在横尾，口写小，对左中。

秃：禾写扁，平撇对位左右中点，竖居中收短，撇捺收短，收笔持平，几的横折弯钩伸展写长，底部平稳。

应提醒学生注意观察不同结构的字起笔的位置不同，要求学生注意在书写时做到下笔位置准确。

（三）拓展练习

书写提示：左右结构，左窄右宽，禾做偏旁在左侧时，捺变点。

四、课堂总结

禾字旁书写时，根据右部大小判定偏旁部分书写大小，以及横画、撇画、竖画的书写长度。"秋"字右侧有撇捺，撇捺伸展；"和"字右部笔画较少，书写时应避让左部，口字大致在禾字旁中间，可以横画对正，不可靠下；"秃"字书写时上部禾字捺画亦可作反捺，上部竖画不可过长，且居中，下部横折弯钩应加重突出，以托起上部。

第6讲 竖心旁

一、学习目标

1.引导学生观察竖心旁字形笔画。

2.掌握竖心旁的书写方法及笔画之间的对应关系。

3.感受书写美，激发学生的书写兴趣，培养学生良好的书写习惯。

二、学习重点、难点

重点：竖心旁的书写技巧，竖的长度根据右边笔画的长短决定。

难点：笔顺要强调，第一点可以写成小短竖，第二点可写成小短横。

三、实操过程

（一）书写技巧

1.引导学生思考竖心旁的特点。

2.左点低，对竖中，右点高，写略平，长竖和右点相连，在竖画中间靠上位置。

（二）示范字指导

恨：左高右低，横折起笔略低于左竖，横短折长，收笔对右中点，横画平行等距，竖在竖中线，提最低，短撇稍高，捺画收笔和提画末端齐平。

悦：左右同高，兑的两点左低右高，口写扁，短竖起笔对左点，上下同宽，撇收短，竖挡撇，竖弯钩写长，伸展至右界点。

恒：左窄右宽，短横微上扬，起笔对左点，竖心旁右点尾写短竖，横折对上横，多横平行等距，最后一笔横画伸展写长，写平稳。

应提醒学生注意观察不同结构的字起笔的位置不同，要求学生注意在书写时做到下笔位置准确。

（三）拓展练习

书写提示：左右结构，左窄右宽，在观察字的高低点时，竖心旁可看作"竖"。

四、课堂总结

总结竖心旁以及竖心旁汉字的书写方法与技巧，针对学生在书写中出现的问题，应提醒学生纠正。竖心旁书写时竖画较长，两点左低右高，略带呼应，示范字中"恨""恒"竖画均与左部竖心旁竖画平行，左窄右宽，其中"恨"字捺画伸展，"悦"字书写时突出竖弯钩，弯钩部分较重。

第7讲 左耳旁

一、学习目标

1.引导学生观察左耳旁字形笔画。

2.掌握左耳旁的书写方法及笔画之间的对应关系。

3.感受书写美，激发学生的书写兴趣，培养学生良好的书写习惯。

二、学习重点、难点

重点：左耳旁的书写技巧，左耳旁要写窄。

难点：左耳旁横撇要小，弯钩弧度不能写大。

三、实操过程

（一）书写技巧

1.引导学生思考左耳旁的书写特点以及比例关系。

2.横撇短，起笔对左上点，弯钩小，竖画写直。

（二）示范字指导

阿：左窄右宽，可的横写长，起笔低，过右点，口写小，偏上，横画中间偏右写竖钩，钩最低。

阶：左窄右宽，撇写短，捺画伸展到右界点，撇低捺高，下面的竖撇，先竖后撇，最后一笔竖画写直，收笔最低。

队：左窄右宽，左耳旁的竖画收笔最低，右侧撇画起笔略高于左横，收笔竖挡撇，捺画收笔和撇画在一条线上。

应提醒学生注意观察不同结构的字起笔的位置不同，要求学生注意在书写时做到下笔位置准确。

（三）拓展练习

书写提示：左右结构，左窄右宽；双耳旁在右时，横撇写小，弯钩稍大，一般比左侧部件低。

四、课堂总结

总结左耳旁以及左耳旁汉字的书写方法与技巧，针对学生在书写中出现的问题，应提醒学生纠正。左耳旁横撇弯钩书写时，横撇小微上扬，弯钩微向右倾，竖画不可过长；三个示范字均呈左窄右宽，左收右放；其中"阿"字和"阶"字右半部分有竖，右竖要低，左耳旁的竖要收短；其中"阶"字和"队"字撇捺伸展，撇画避让左部偏旁部分。

五、同步拓展

左右结构中，左侧部件有长竖或者有纵向笔画的组合，可把部件整体看作"竖"，来界定左右两部件的高低。

第8讲 单耳旁

一、学习目标

1. 引导学生观察单耳旁字形笔画。

2. 掌握单耳旁的书写方法及笔画之间的对应关系。

3. 感受书写美，激发学生的书写兴趣，培养学生良好的书写习惯。

二、学习重点、难点

重点：单耳旁的书写技巧，单耳旁要写低。

难点：横折钩的横画的长度，竖画内收角度。

三、实操过程

（一）书写技巧

1. 引导学生思考单耳旁的特点。

2. 横折钩要小，长竖写长，单耳旁居右下。

（二）示范字指导

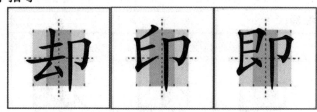

　　却：左宽右窄，首横短，横中写竖，竖最高，下横起笔偏左，撇折夹角小，右侧齐平，横折钩起笔低，折对右点，最后一笔竖画垂直写长。

　　印：左右同宽，左高右低，短撇起笔高，竖对左点，提稍长，横写短，右侧齐平，单耳旁起笔对第二笔竖提起笔，竖画垂直写长。

　　即：左高右低，横折起笔对左点，三横平行等距，竖提找左下点，单耳旁起笔和左边第二个横画齐平，竖画垂直写长，收笔过下点。

　　应提醒学生注意观察不同结构的字起笔的位置不同，要求学生注意在书写时做到下笔位置准确。

（三）拓展练习

　　书写提示：右偏旁，左侧部件的右侧平切；单耳旁在字的右下位置。

四、课堂总结

　　总结单耳旁以及单耳旁汉字的书写方法与技巧，针对学生在书写中出现的问题，应提醒学生纠正。区别单耳旁与左耳旁的写法，单耳旁居字右侧，示范字中主笔是单耳旁的竖画，竖画要写长，单耳旁起笔略低于左侧，示范字中左右等宽，"却"字两横分长短，"印""即"横画向右上倾斜。

第9讲 立刀

一、学习目标

　　1.引导学生观察立刀字形笔画。

　　2.掌握立刀的书写方法及笔画之间的对应关系。

　　3.感受书写美，激发学生的书写兴趣，培养学生良好的书写习惯。

二、学习重点、难点

　　重点：立刀的书写技巧，立刀的竖钩一般是字的最高点和最低点。

　　难点：短竖和长竖的比例和位置关系。

三、实操过程

（一）书写技巧

　　1.引导学生思考立刀的特点，并进行书写体验。

2.短竖写直，竖钩写长，出钩有力，短竖在竖钩中间偏上。

（二）示范字指导

创：撇头对左中点，捺变点，横折钩要写小，竖弯钩收短，右侧齐平，短竖写直，竖钩写长，竖对右点，出钩有力，钩最低。

刚：竖画起笔对左上点，横折钩不越竖中线，撇点要写小，交点对左中点，短竖写直，竖钩写长，竖对右点，出钩有力，钩最低。

别：口写小，稍偏右，横折钩起笔左延，折对上折，撇折平行，立刀短竖写直，竖钩写长，竖对右点，钩最低。

应提醒学生注意观察不同结构的字起笔的位置不同，要求学生注意在书写时做到下笔位置准确。

（三）拓展练习

书写提示：右偏旁，左侧部件的右侧平切；立刀一般在字的右侧，左收右放，竖钩都是字的最低点。

四、课堂总结

总结立刀以及立刀汉字的书写技巧，针对学生在书写中出现的问题，应提醒学生纠正。立刀两竖平行，短竖居竖钩中间偏上，两竖距离不宜太远，"创""刚"应左宽右窄，且右部竖钩略长于左部，"别"字书写时另的口偏右，不与下方力对正。

五、同步拓展

在左右结构汉字中，右侧部件有长竖或者带钩的纵向笔画时，一般都是字的最低点。

第 10 讲 四点底

一、学习目标

1.引导学生观察四点底字形笔画。

2.掌握四点底的书写方法及笔画之间的对应关系。

3.感受书写美，激发学生的书写兴趣，培养学生良好的书写习惯。

二、学习重点、难点

重点：四点底的书写技巧，四点底写宽。

难点：外两点稍长，内两点稍小。

三、实操过程

（一）书写技巧

1.引导学生思考四点底的特点。

2.四点间距均等，第一笔是左点，对左下点，后三笔是右点，中间两点略小，四点呈一条直线。

（二）示范字指导

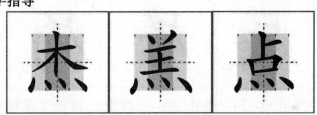

杰：木写扁，横中写竖，撇捺伸展，和四点距离要近，四点平均分布，对位左右点。

羔：上窄下宽，点低撇高，三横等距，与左右中点等宽，短竖不出头，四点平均分布。

点：上窄下宽，短竖起笔对上点，横写短，口写扁，与左右中点等宽，四点平均分布。

应提醒学生注意观察不同结构的字起笔的位置不同，要求学生注意在书写时做到下笔位置准确。

（三）拓展练习

书写提示：上下结构，上窄下宽；四点底居下，其形应宽，可看作"长横"。

四、课堂总结

总结四点底以及四点底汉字的书写方法与技巧，针对学生在书写中出现的问题，应提醒学生纠正。四点底书写时点画均匀排列，依照字的上部分定四点的间距；示范字中"羔"字和"点"字上部书写较窄，下部四点较宽，上部均占中间两点位置，四点开合较大；"杰"字下四点书写时应与撇尾捺尾等宽。

第 11 讲 尸字头

一、学习目标

　　1. 引导学生观察尸字头字形笔画。

　　2. 掌握尸字头的书写方法及笔画之间的对应关系。

　　3. 感受书写美，激发学生的书写兴趣，培养学生良好的书写习惯。

二、学习重点、难点

　　重点：尸字头的书写技巧，尸字头的撇尾是字的最左点。

　　难点：横折与横画间距要写窄。

三、实操过程

　　（一）书写技巧

　　1. 引导学生思考尸字头的特点，进行书写体验。

　　2. 横折起笔对左中点，折内收，两横平行，撇画伸展写长，收笔对左界点。

　　（二）示范字指导

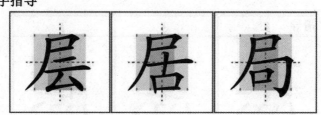

　　层： 横折起笔对左中点，撇画伸展写长，多横平行等距，长横超出折的最外侧，撇折起笔偏左，点的收笔最低。

　　居： 横折起笔对左中点，撇画伸展写长，古字横写长，竖向左倾，口写扁，多横等距，底横写平。

　　局： 横折起笔对左中点，两短横平行写紧凑，撇画伸展写长，横折钩超出上折，钩最低，口写小，居左上。

　　应提醒学生注意观察不同结构的字起笔的位置不同，要求学生注意在书写时做到下笔位置准确。

　　（三）拓展练习

　　书写提示：左上包右下，下方被包部分应重心右移。

四、课堂总结

　　总结尸字头以及尸字头汉字的书写方法与技巧，针对学生在书写中出现的问题，应提醒学生纠正。尸字头书写时两横微上扬，撇画写长，示范字中"层"字和"居"字中间突出长横，"居"字口部应在尸字头正下方，"局"字书写时横折钩超出上方笔画，钩部与长撇撇尾在一条水平线上，横横平行。

第 12 讲 门字框

一、学习目标

1. 引导学生观察门字框的形状。

2. 掌握门字框的书写方法及笔画之间的对应关系。

3. 感受书写美，激发学生的书写兴趣，培养学生良好的书写习惯。

二、学习重点、难点

重点：门字框的书写技巧，框型结构的字，右侧最低。

难点：左竖要略短于横折钩，注意长度。

三、实操过程

（一）书写技巧

1. 引导学生思考门字框的书写特点，联想到全包围结构的字书写技巧与门字框的字书写技巧相似。

2. 点对左中点，点下写竖，点右写横折钩，横短竖长，竖笔垂直，钩最低。

（二）示范字指导

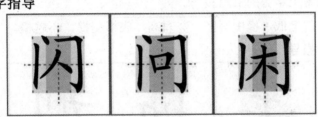

闪：点对左中点，点下写竖，点右写横折钩，横微扬，竖垂直写长，钩最低，人要小，撇起竖中线，捺变点，居中间偏上。

问：点对左中点，点下写竖，点右写横折钩，钩最低，口呈倒梯形，居中间偏上，与左右中点等宽。

闲：点对左中点，点下写竖，点右写横折钩，钩最低，横对左右中点，横中写短竖，三竖垂直等距，捺变点，木居中间偏上。

应提醒学生注意观察不同结构的字起笔的位置不同，要求学生注意在书写时做到下笔位置准确。

（三）拓展练习

书写提示：上三包围结构，外框端正，被包部分应写小，在中间偏上；门字框与全包围结构汉字的书写技巧相似，全包围结构汉字书写时被包部分应居中。

四、课堂总结

总结门字框以及门字框汉字的书写方法与技巧，针对学生在书写中出现的问题，应提醒学生纠正。门字框书写时注意笔顺，竖画较短低于点画，横折钩与点画等高微向右上倾斜，收笔略低于竖尾，示范字门字框写舒展，内部空间留大，内部笔画居中间偏上位置，书写时应与门字框合理分布。

第13讲 土字旁

一、学习目标

1. 引导学生观察土字旁字形笔画。

2. 掌握土字旁的书写方法及笔画之间的对应关系。

3. 感受书写美，激发学生的书写兴趣，培养学生良好的书写习惯。

二、学习重点、难点

重点：土字旁的书写技巧，不同位置的土字旁的变化。

难点：土字旁的大小和位置。

三、实操过程

（一）书写技巧

1. 引导学生思考土字旁的书写技巧。

2. 短横上扬，起笔低，横中写竖，竖写高，底横变提，不越横。

（二）示范字指导

去：上宽下窄，短横对位左右中点，横中写竖，长横伸展到左右界点，撇折夹角小，点与撇角度对应，收笔最低。

地：左窄右宽，短横上扬，起笔对左点，横中写竖，提不越横，横折钩穿插在两横之间，倾斜角度大，竖画垂直写高，起笔对上点，竖弯钩伸展至右界点，底部平稳。

型：上宽下窄，刑写扁，两横平行，撇长竖短，竖钩最高，土写扁，短横对左右中点，短竖居中，垂直有力，长横写平稳，找位左右点。

应提醒学生注意观察不同结构的字起笔的位置不同，要求学生注意在书写时做到下笔位置准确。

（三）拓展练习

书写提示：土字旁在字中的位置不同，写法不同，在上，长横伸展；在左，写小居左上；在下，写扁，底横写平。

四、课堂总结

总结土字旁以及土字旁汉字的书写技巧，针对学生在书写中出现的问题，应提醒学生纠正。土字旁在字中的位置不同，写法不同，"去"字书写时上宽下窄，主笔长横伸展写长；"地"字穿插避让，竖弯钩写到中竖尾部时立即转弯写横，横笔要超出上方最右笔画；"型"字书写时上半部分要紧凑，勿写散。

第 14 讲 绞丝旁

一、学习目标

1. 引导学生观察绞丝旁字形笔画。

2. 掌握绞丝旁的书写方法及笔画之间的对应关系。

3. 感受书写美，激发学生的书写兴趣，培养学生良好的书写习惯。

二、学习重点、难点

重点：绞丝旁的书写技巧，两撇折，撇长折短。

难点：两个撇折的大小和位置，两笔折的方向。

三、实操过程

（一）书写技巧

1. 引导学生思考绞丝旁的书写技巧。

2. 撇折起笔对左上中点，撇长折短，折写略平，两撇斜向平行，第二折右上扬，提画与第二折平行，右侧齐平。

（二）示范字指导

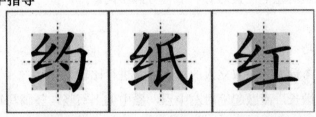

约：左窄右宽，撇折起笔对左上中点，撇长折短，提画与第二折平行，撇画起笔右上中点，横折钩起笔在撇画中间居下位置，点画起笔在撇尾。

纸：左窄右宽，撇折起笔对左上中点，撇长折短，提画与第二折平行，右侧齐平，平撇起笔高，竖提最低点和提画持平，短横上扬，斜钩伸展加长，钩最低，可至右界点。

红：撇折起笔对左上中点，撇长折短，折写略平，两撇斜向平行，第二折右上扬，提画与第二折平行，右侧齐平，短横起笔对第二撇头，竖画写短，最后一笔横画在提中起笔，收笔至右界点。

应提醒学生注意观察不同结构的字起笔的位置不同，要求学生注意在书写时做到下笔位置准确。

（三）拓展练习

书写提示：左偏旁右平切；仔细观察两个部件的高低点，思考为什么。

四、课堂总结

总结绞丝旁以及绞丝旁汉字的书写技巧，针对学生在书写中出现的问题，应提醒学生纠正。绞丝旁书写时第一撇折，撇部较长，折部较短，第二撇提，撇部略长于上撇或等长；"约"字右部横折钩略带弧度，左右紧凑；"纸"字在书写时，主笔斜钩要突出，且斜钩较长，右部上紧下松；"红"字在书写时右部取偏旁中间部位，下部横画较长，两横平行。

第15讲 双立人

一、学习目标

1. 引导学生观察双立人字形笔画。

2. 掌握双立人的书写方法及笔画之间的对应关系。

3. 感受书写美，激发学生的书写兴趣，培养学生良好的书写习惯。

二、学习重点、难点

重点：双立人的书写技巧，两撇写直。

难点：两笔撇画的起笔位置对齐，书写方向不同。

三、实操过程

（一）书写技巧

1. 引导学生思考单人旁和双立人的特点，并进行比较。

2. 首撇短，二撇长，两撇起笔对左中点，撇中偏上写竖，竖画写短。

（二）示范字指导

征：左偏旁右平切，写右看左，第二撇头起右横，横中写竖，竖对右中点，竖中写

短横，短竖起笔对右横，同向平行，长短分明，底横长。

彼： 左偏旁右平切，横钩起笔对第二撇画，钩写小，撇画先竖后撇，竖挡撇，竖画写短，起笔最高，横撇的撇画收笔和左侧撇画在一条水平线上，捺画展至右界点。

徐： 左偏旁右平切，撇画高，捺画伸展，收笔撇低捺高，两横平行上短下长，竖钩收笔略低于左竖，左点立，右点斜。

应提醒学生注意观察不同结构的字起笔的位置不同，要求学生注意在书写时做到下笔位置准确。

（三）拓展练习

书写提示：左右结构，左窄右宽；左偏旁右平切，双立人可看作"竖"。

四、课堂总结

总结双立人以及双立人汉字的书写方法与技巧，针对学生在书写中出现的问题，应提醒学生纠正。双立人书写时两撇上短下长，起笔位置齐平，下部竖画应写短。示范字"征"字三笔竖画平行；"彼"字中竖应上长下短，下部应保持平稳；"徐"字竖钩最低，竖对着撇捺交点。

第 16 讲 示字旁

一、学习目标

1. 引导学生观察示字旁字形笔画。

2. 掌握示字旁的书写方法及笔画之间的对应关系。

3. 感受书写美，激发学生的书写兴趣，培养学生良好的书写习惯。

二、学习重点、难点

重点：示字旁的书写技巧，示字旁右侧齐平。

难点：短横的上扬幅度以及和点的位置关系。

三、实操过程

（一）书写技巧

1. 引导学生思考示字旁的书写特点。

2. 点画起笔对左中点，横撇伸展，折对点尾，竖画写短，点在撇竖交点起笔。

（二）示范字指导

祥：左窄右宽，左偏旁右平切，点低撇高，短撇与第一笔点同高，左右有横，横对横，三横平行且等距，横中起竖，竖最低，过下点。

福：左窄右宽，左偏旁右平切，点尾起右横，口写扁，横对左折，田写方，横对左点，中竖对右中点，多横平行等距。

视：左窄右宽，左偏旁右平切，写右看左，点尾对右竖，两竖垂直，撇画找左竖末端，竖挡撇，竖弯钩竖短横长，至右界点向上出钩。

应提醒学生注意观察不同结构的字起笔的位置不同，要求学生注意在书写时做到下笔位置准确。

（三）拓展练习

书写提示：左右结构，左窄右宽；左偏旁右平切。

四、课堂总结

总结示字旁以及示字旁汉字的书写方法与技巧，针对学生在书写中出现的问题，应提醒学生纠正。示字旁点画较高，横短撇长，撇画较立，竖画居撇画中间靠上位置，根据右部字大小定竖画长短。其中"祥""福"二字横画较多，应平行等距，注意二字中竖均居横画中间；"视"字竖撇较长，收笔对竖尾，竖弯钩较为厚重，钩部较长，行笔较重。

第 17 讲 食字旁

一、学习目标

1. 引导学生观察食字旁字形笔画。

2. 掌握食字旁的书写方法及笔画之间的对应关系。

3. 感受书写美，激发学生的书写兴趣，培养学生良好的书写习惯。

二、学习重点、难点

重点：食字旁的书写技巧，撇画中间偏上写横钩。

难点：竖提的起笔位置和长度。

三、实操过程

（一）书写技巧

1. 引导学生思考食字旁的特点。

2. 撇画起笔找左上中点，撇陡略长，横钩起笔偏上，横短出钩有力，竖提偏左，起笔对撇横交点，提尾对上折。

（二）示范字指导

饥：左窄右宽，撇陡略长，横钩起笔偏上，竖提偏左，右侧竖撇在横尾起笔，撇提呼应，横折弯钩底部写平，钩向上弹出。

饮：左窄右宽，撇陡略长，横钩起笔偏上，竖提偏左，对撇横交点，右撇稍立要写高，左横压右横，横钩起笔偏下，人的撇画起笔偏左，对撇横交点，捺画起笔稍高，写伸展，展至右界点，底部写平。

饭：左窄右宽，撇陡略长，横钩起笔偏上，竖提偏左，对撇横交点，平撇起笔稍低于左撇，竖撇挡平撇，收笔和左提持平，又的横画上扬，折对上撇头，捺画收笔至右界点，底部写平。

应提醒学生注意观察不同结构的字起笔的位置不同，要求学生注意在书写时做到下笔位置准确。

（三）拓展练习

书写提示：左右结构，左窄右宽；左偏旁右平切。

四、课堂总结

总结食字旁以及食字旁汉字的书写方法与技巧，针对学生在书写中出现的问题，应提醒学生纠正。食字旁撇稍长，横钩小，竖提均长，提尾对右部起笔位置或中间位置；其中"饥"字书写时，左高右低，下部均在一条水平线上；"饮""饭"二字撇捺伸展，下部均在一条水平线上。

第18讲 反犬旁

一、学习目标

1.引导学生观察反犬旁字形笔画。

2.掌握反犬旁的书写方法及笔画之间的对应关系。

3.感受书写美，激发学生的书写兴趣，培养学生良好的书写习惯。

二、学习重点、难点

重点：反犬旁的书写技巧，反犬旁要写窄。

难点：弯钩的书写方法，出钩的位置。

三、实操过程

（一）书写技巧

1. 引导学生思考反犬旁的特点。

2. 短撇起笔对左中点，弯钩起笔低于撇头，上部弯度要大，交于撇中，钩对交点，撇撇平行，位上移。

（二）示范字指导

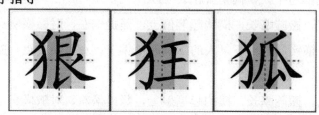

狠：左窄右宽，左右对应，横折起笔与弯钩同高，三横等距，竖提的底部与钩持平，写下看上，撇头对折，捺画收笔高于提画。

狂：左窄右宽，左右对应，撇弯交点起右横，横横平行长短明，横中起竖，竖写直，底横写长高于钩，底横写平稳。

狐：左窄右宽，平撇起笔略高于左撇，竖撇挡平撇，收笔高于左钩，竖提最长，点写小，捺画起笔在竖头，伸展写长。

应提醒学生注意观察不同结构的字起笔的位置不同，要求学生注意在书写时做到下笔位置准确。

（三）拓展练习

书写提示：左右结构，左窄右宽，在观察左右结构字的高低点时，反犬旁可看作"竖"。

四、课堂总结

总结反犬旁以及反犬旁汉字的书写方法与技巧，针对学生在书写中出现的问题，应提醒学生纠正。反犬旁书写时弯钩轻起重行钩部突出，撇画不宜过长，两撇平行，第二撇收笔超过第一撇收笔。"狠""狐"二字均呈左小右大，其中"狐"字竖撇部分撇向钩部，竖提最低，捺画较立，弧度略小，"狂"字左长右扁，右部突出底横，底横起笔高于弯钩底部。

第 19 讲 反文旁

一、学习目标

1.引导学生观察反文旁字形笔画。

2.掌握反文旁的书写方法及笔画之间的对应关系。

3.感受书写美，激发学生的书写兴趣，培养学生良好的书写习惯。

二、学习重点、难点

重点：反文旁的书写技巧，撇画中间偏下写短横。

难点：撇画收笔的位置是横画起笔的位置。

三、实操过程

（一）书写技巧

1.引导学生思考反文旁的书写技巧。

2.短撇起笔高，撇画中间偏下写短横，横画中间偏左写撇，撇收短，弧度较大，短撇尾起笔写捺，捺伸展写直，收笔低。

（二）示范字指导

收：内紧外松，竖提起笔对左上点，第二笔长竖起笔对左上中点，收笔最低，短撇起笔对右上中点，略高于左竖，撇中偏下写短横，横上扬，撇画起笔偏左，对上撇头，弧度较大，撇收捺伸展。

故：内紧外松，短横起笔对左点，竖画对左中点，口写小，折对横尾，反文旁撇画起笔对右中点，略高于左竖，撇中偏下写短横，横对左横，撇画起笔偏左，撇收捺伸展，收笔最低。

政：内紧外松，首横短，横中写竖，竖中写短横，左竖短，提最左，不越横，右侧齐平，反文旁撇画起笔最高，对右上中点，撇中偏下写短横，短横上扬，撇画起笔偏左，撇收捺伸展，收笔最低。

应提醒学生注意观察不同结构的字起笔的位置不同，要求学生注意在书写时做到下笔位置准确。

（三）拓展练习

书写提示：右偏旁，左侧部件的右侧平切；反文旁撇捺组合在下，撇弯捺伸展，撇高捺低。

四、课堂总结

总结反文旁以及反文旁汉字的书写方法与技巧，针对学生在书写中出现的问题，应提醒学生纠正。反文旁书写时横画在撇画中间靠下位置起笔，向右上倾斜，撇画略有弧度，撇尾捺脚持平，"收""故"二字应注意反文与竖画相对时，左右大小相等，其中"政"字正部长横变提画，提与撇互相避让。

第20讲 三撇

一、学习目标

1. 引导学生观察三撇字形笔画。

2. 掌握三撇的书写方法及笔画之间的对应关系。

3. 感受书写美，激发学生的书写兴趣，培养学生良好的书写习惯。

二、学习重点、难点

重点：三撇的书写技巧，三撇要等距。

难点：三个撇画的起笔位置。

三、实操过程

（一）书写技巧

1. 引导学生掌握三撇书写的特点。

2. 首撇短，上下撇对撇，最后一撇加长，起笔略偏右，三撇大致平行。

（二）示范字指导

彩：首撇短，下方三点写紧凑，呈一条斜直线，横上扬，起笔最左，竖画在横中偏右起笔，撇画伸展，捺画变点，撇画起笔和左侧撇头对齐，三撇平行等距，最后一笔撇画略长，撇包竖。

须：三撇起笔对左中点，横画起笔和左撇起笔对齐，撇画写短，竖画在横画内侧起笔，横折在上横内侧，撇画先竖后撇，点画收笔和撇画在一条水平线上。

影：左宽右窄，日写扁，横对上点，折到竖中线，京的点偏右，横画左长右短，口写小，竖钩短，对上点，三撇等距，起笔对右上点，最后一笔撇画收笔最低。

应提醒学生注意观察不同结构的字起笔的位置不同，要求学生注意在书写时做到下笔位置准确。

（三）拓展练习

书写提示：右偏旁，左侧部件的右侧平切；在观察字的高低点时，三撇可看作"竖"。

四、课堂总结

总结三撇以及三撇汉字的书写方法与技巧，针对学生在书写中出现的问题，应提醒学生纠正。上两撇长度相同，下撇最长；示范字中"彩"字、"影"字三撇书写易掌握，"须"字书写时应注意下部长撇不宜过长，三撇书写较平不宜过立。

第 21 讲 竹字头

一、学习目标

1. 引导学生观察竹字头字形笔画。

2. 掌握竹字头的书写方法及笔画之间的对应关系。

3. 感受书写美，激发学生的书写兴趣，培养学生良好的书写习惯。

二、学习重点、难点

重点：竹字头的书写技巧，竹字头左小右大。

难点：两部分左低右高，点要斜，不能写长，竹字头要写扁。

三、实操过程

（一）书写技巧

1. 引导学生思考竹字头的书写特点。

2. 左撇低，起笔对左中点，短横高，点写小，左右对应，两撇短而斜，两个短横偏上，两个点偏小。

（二）示范字指导

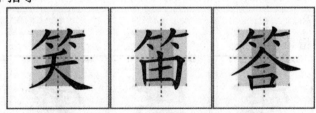

笑：上窄下宽，平撇起笔收笔对左右中点，横画勿写太长，与平撇大致平行，撇弯捺展，撇捺在下，撇高捺低。

笛：上宽下窄，竹字头两部分左低右高，左右对应，由写小，两竖内收，中间短横左右不相连，中竖垂直居中，底横写平。

答：上窄下宽，竹字头两部分左低右高，左右对应，撇捺伸展，找位左右界点，短横写高，口写扁，与左右中点等宽。

应提醒学生注意观察不同结构的字起笔的位置不同，要求学生注意在书写时做到下笔位置准确。

（三）拓展练习

书写提示：竹字头的宽窄，根据下方部分的宽窄决定，下方横向主笔，竹字头写窄，下方无横向主笔，竹字头写宽。

四、课堂总结

总结竹字头以及竹字头汉字的书写方法与技巧，针对学生在书写中出现的问题，应提醒学生纠正。竹字头书写时左小右大，形扁宽，示范字中"笑"字、"答"字撇捺伸展宽于竹字头；"笛"字上宽下窄，下部写方正，中竖在竹字头中间。

第22讲 雨字头

一、学习目标

1.引导学生观察雨字头字形笔画。

2.掌握雨字头的书写方法及笔画之间的对应关系。

3.感受书写美，激发学生的书写兴趣，培养学生良好的书写习惯。

二、学习重点、难点

重点：雨字头的书写技巧，雨字头中竖垂直写短。

难点：四点写小，将空间分隔得合理匀称。

三、实操过程

（一）书写技巧

1.引导学生思考雨字头的书写特点以及占格。

2.首横短，对位左右中点，左点立，对左上点，横钩宽，折对右上点，横中写短竖，四点对应，左低右高。

（二）示范字指导

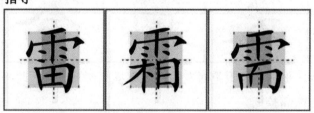

雷：上宽下窄，首横短，横钩宽，横中写短竖，左两点略低，右两点略高，田的中竖和上竖对齐，三横等距，底横平稳。

霜：首横短，横钩宽，横中写短竖，左两点略低，右两点略高，相写扁，横画起笔对左点，竖画对上点，收笔最低，右侧目两竖垂直，多横等距。

需：上宽下窄，首横短，横钩宽，横中写短竖，而写扁，横对上横，框写扁，右钩最低，中间两个竖画，左短右长。

应提醒学生注意观察不同结构的字起笔的位置不同，要求学生注意在书写时做到下笔位置准确。

（三）拓展练习

书写提示：上下结构，上盖下。

四、课堂总结

总结雨字头以及雨字头汉字的书写方法与技巧，针对学生在书写中出现的问题，应提醒学生纠正。雨字头书写时形状扁宽，四点位置左右匀称，示范字中"需"和"霜"下方部分笔画较多，书写时应上下等宽，注意相部居雨字头正下方，"雷"字田部两竖向内收且居雨字头正下方。

第23讲 心字底

一、学习目标

1. 引导学生观察心字底字形笔画。

2. 掌握心字底的书写方法及笔画之间的对应关系。

3. 感受书写美，激发学生的书写兴趣，培养学生良好的书写习惯。

二、学习重点、难点

重点：心字底的书写技巧，心字底的卧钩写小，三点呈一条斜直线。

难点：点和卧钩的起笔位置。

三、实操过程

（一）书写技巧

1. 引导学生思考心字与"心"字底的书写特点，发现两者之间的不同处。

2. 首点对左点，向左倾斜，卧钩写小，起笔和点齐平，第二点居中，与卧钩大致齐平，最后一点在钩外，三点呈一条斜直线。

（二）示范字指导

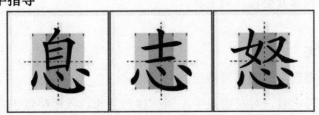

息：自写略扁，与左右中点等宽，短撇起笔竖中线，多横平行等距，中间短横连左

不连右，心字底首点找位左下点，卧钩起笔对上竖，钩尾对上竖，第二点居中，最后一点写稍高，三点呈一条斜直线。

志：上窄下宽，横收短，右上扬，横中写竖，竖画居中写短，第二横对左右中点，两横平行，心字底首点找位左下点，卧钩起笔对横头，第二点居中，对上竖，最后一点写稍高，与钩平行。

怒：奴写扁，撇点起笔对左中点，横变提，起笔左延，不过撇，又的横撇收短，捺伸展，心字底首点对左点，卧钩起笔、收笔对上方两个交叉点，第二点居中，最后一点收笔对齐上捺末端。

应提醒学生注意观察不同结构的字起笔的位置不同，要求学生注意在书写时做到下笔位置准确。

（三）拓展练习

书写提示：上下结构，上窄下宽；心字底三点可看作"长横"。

四、课堂总结

总结心字底以及心字底汉字的书写方法与技巧，针对学生在书写中出现的问题，应提醒学生纠正。心字底书写时注意三点位置以及卧钩的书写角度，心做偏旁时书写要扁，以中间点画决定字的宽窄高低，示范字中"怒"字上部均要写扁且与心字底等宽，上下匀称紧凑，"息"字上部自字应书写较扁，居卧钩正中，与卧钩的起笔和钩尾等宽。

第24讲 国字框

一、学习目标

1. 引导学生观察国字框的形状特点。

2. 掌握国字框的书写方法及笔画之间的对应关系。

3. 感受书写美，激发学生的书写兴趣，培养学生良好的书写习惯。

二、学习重点、难点

重点：国字框的书写技巧，两竖垂直，右竖略长。

难点：左右竖画部分挺直，勿歪斜。

三、实操过程

（一）书写技巧

1. 引导学生思考国字框的书写特点。

2. 第一笔竖画写垂直，对左两点中，横折横短竖长，收笔略低于左竖，底横写平。

（二）示范字指导

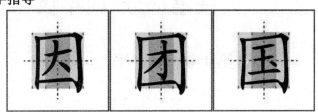

因：第一笔竖画写垂直，对左两点中，横折横短竖长，收笔略低于左竖，大居中间偏上，短横对左右中点，捺变点，底横写平。

团：第一笔竖画写垂直，对左两点中，横折横短竖长，收笔略低于左竖，才写小，横中偏右写竖钩，竖钩短，撇对交点勿写长，底横写平。

国：第一笔竖画写垂直，对左两点中，横折横短竖长，收笔略低于左竖，玉写小，多横平行分长短，底横写平。

应提醒学生注意观察不同结构的字起笔的位置不同，要求学生注意在书写时做到下笔位置准确。

（三）拓展练习

书写提示：全包围结构，被包部分写小，居中间偏上，底横写平。

四、课堂总结

总结国字框以及国字框汉字的书写方法与技巧，针对学生在书写中出现的问题，应提醒学生纠正。国字框书写时注意笔顺，右竖低于左竖；国字框勿写小，内部空间留大，内部笔画居中间偏上位置，书写时应与国字框合理分布。

（二）硬笔部分 四年级

第1讲 横"平"

一、学习目标

1. 了解字中横的平衡作用，掌握横画的书写方式，横"平"可让汉字端正。

2. 观察字中起平衡作用的横画，熟练掌握横画形态的变化。

3. 感受书写的魅力，激发书写兴趣，陶冶性情，养成良好的书写习惯。

二、学习重点、难点

起平衡作用的横画，在字中的位置及形态。

三、实操过程

（一）书写技巧

引导学生观察总结横"平"的书写规律：横画在字中起平衡作用，要写平稳。长横上扬角度略小；横在字的底部，要写平。

（二）示范字指导

页：长横写平稳，贝写窄，竖撇对上短撇，撇与点左右对应，点写长。

粗：左窄右宽，左竖最长，且的竖画对短撇头，多横等距，底横写平稳。

庄：点偏右，横短撇长，短竖对首点，底横写平，收笔超过上短横，多横平行等距。

应提醒学生注意观察这类字的外形特点，要求学生注意在书写时做到下笔位置准确。

（三）词组练习

1. 横画在字的顶部，长横上扬角度变小，写平稳；在字的底部，无论长横、短横都要写平，保持字的平衡。

2. 书写时保持字的端正，横写平稳；当字中没有起平衡作用的横时，可以通过组合左右对应的笔画来构建"横"，如：宽的底部要平，顿的撇点看作"横"要平稳，柔的撇捺收笔看作"横"要平稳，熟的四点底看作"横"要平稳等。

（四）拓展词组

1. 保持规范的书写姿势。

2. 字迹清晰，大小匀称。

3. 上下对齐，字的重心要在一条水平线上。

4. 注意字与字、词与词之间的间隔。

四、课堂总结

1.总结横"平"的书写方法与技巧，观察这类字的外形特点，在书写时做到下笔位置准确，横"平"，即横写得倾斜角度勿大，横画一般向右上有一定的倾斜度，但应注意整体的协调统一。

2.本课常见易错点："页"字横折要横平竖直，点不能写太短；"粗"字米字旁右侧应大致齐平；"庄"字撇画与尾横不平衡。词组练习时，汉字大小不一，字形松散。

第2讲 多横等距

一、学习目标

1.掌握多横上下组合时的技巧规律，多横等距可让汉字匀称。

2.观察字中多横等距时，横的长短变化。

3.感受书写的魅力，激发书写兴趣，陶冶性情，养成良好的书写习惯。

二、学习重点、难点

横画间距相等，长短分明。

三、实操过程

（一）书写技巧

引导学生观察总结字有多横时的书写规律：字有多横上下组合时，横画间距相等，长短分明。

（二）示范字指导

甫：首横长；横下写竖；横折钩横短竖长钩最低；下横短，左右不连，四横平行等距；横中写竖，多竖等距，点尾对折。

拜：首笔短撇写平；撇中写竖撇；写右看左，横对横，四笔横画间距收紧，上短下长，平行等距，上紧下松。

青：前两笔短横对位左右中点；横中写竖，竖写高；第三横写长，伸展至左右界点；月与上短横等宽；多横平行等距，间距收紧，长短分明。

应提醒学生注意观察这类字的外形特点，要求学生注意在书写时做到下笔位置准确。

（三）词组练习

1.当多横之间有点或撇捺时，多横平行，间距不相等，如：首、基、新、善等。

2.书写时保持字的匀称，多横要等距。

（四）拓展词组

1.保持规范的书写姿势。

2.字迹清晰，大小匀称。

3.上下对齐，字的重心要在一条水平线上。

4.注意字与字、词与词之间的间隔。

四、课堂总结

1.当一个字里出现三个以上横画组合时，横画等距。

2.本课常见易错点："甫"字横折钩的竖画要写直不能向内斜，最后一笔点对下方竖画，不能写到横尾；"拜"字左右对应，右侧第一横对第一笔，平撇尾，最后一横对左横起笔；"青"字上下对应，下方月与短横等宽，月内短横连左不连右。

第3讲 竖"直"

一、学习目标

1.了解字中竖的支撑作用，掌握竖画的书写方式，竖"直"可让汉字端正。

2.观察字中起支撑作用的竖画，熟练掌握竖画位置的变化。

3.感受书写的魅力，激发书写兴趣，陶冶性情，养成良好的书写习惯。

二、学习重点、难点

起支撑作用的竖画，要写直挺。

三、实操过程

（一）书写技巧

引导学生观察字竖"直"的书写规律：竖画在字中起支撑作用，要写直挺。中竖写垂直；长竖一般在部件的重心线上。

（二）示范字指导

禾：撇在字头，写平撇；横画收短，微上扬，横画与平撇大致平行；竖画垂直，写中间；撇捺伸展，底持平。

伴：左窄右宽；撇中上写竖；点低撇高；两横平行；横中写竖，垂直写长。

集：上紧下松；单人旁撇竖收短，右侧多横等距，点对竖；木的横中写竖，竖居中写短，收笔最低，撇捺伸展。

应提醒学生注意观察这类字的外形特点，要求学生注意在书写时做到下笔位置准确。

（三）词组练习

字中间的竖画，无论长短都要写垂直；字两边的竖要左右对应，若内收都内收，若外扩都外扩。

（四）拓展词组

1. 书写时保持字的端正，竖画写直挺；当字中没有起支撑作用的竖画时，可以通过部件的上下对正、左右对齐保持字的端正，如：合、距、变、面等。

2. 保持规范的书写姿势；字迹清晰，大小匀称；注意字与字、词与词之间的间隔。

四、课堂总结

1. 总结竖"直"的书写方法与技巧，观察这类字的外形特点，在书写时做到下笔位置准确，竖"直"，即竖写得不歪不斜。字中部的主竖一定要写直，对于处于字两侧的竖，往往可写斜或弯曲，但要注意左右对称或有所倚靠。

2. 本课常见易错点：竖画写不直；"禾"竖画收笔最低，撇捺分开角度应稍大，收笔持平；"伴"字应左窄右宽，首笔撇画弧度要小，不能写弯，左右有竖，右竖长；"集"字上下分家，多横间距不宜太大。

第 4 讲 多竖等距

一、学习目标

1. 掌握多竖左右组合时的技巧规律，多竖等距可让汉字匀称。

2. 观察字中多竖等距时，竖的高低变化。

3. 感受书写的魅力，激发书写兴趣，陶冶性情，养成良好的书写习惯。

二、学习重点、难点

竖画间距相等，高低不同。

三、实操过程

（一）书写技巧

引导学生观察总结字有多竖时的书写规律：字有多竖（含横折、横折钩等的折笔）左右组合时，间距相等，高低不同。

（二）示范字指导

川：竖撇先竖后撇，竖长撇短；短竖居中；左右有竖，右竖长；最后一笔竖画起笔最高，收笔最低，三笔竖间距相等。

而：首横短；横中写撇，撇要小；竖写短向右斜；横折钩折向内收，与左竖对应；中间两笔竖画写短，四笔竖间距相等。

仰：单人旁撇稍立，竖写直；中间部分写窄，收短；横折钩起笔低，对撇竖交点；最后一笔竖画垂直写长，收笔最低，四笔竖长短分明，间距相等。

应提醒学生注意观察这类字的外形特点，要求学生注意在书写时做到下笔位置准确。

（三）词组练习

1.当字中左右组合的竖不足三个时，可以将笔画的竖笔部分当作"竖"，如：世的竖折的竖笔部分，佩的竖撇与横斜钩的竖向部分，赵的撇点交点，也的横折钩的折点。

2.书写时保持字的匀称，多竖要等距。

（四）拓展词组

1.保持规范的书写姿势。

2.字迹清晰，大小匀称。

3.上下对齐，字的重心要在一条水平线上。

4.注意字与字、词与词之间的间隔。

四、课堂总结

1.当一个字里出现多竖左右组合时，竖画要间距相等。

2.本课常见易错点："川"字第一笔要竖长撇短；"而"字字形略扁，竖画要写短；"仰"字要右侧单耳横折钩起笔低，竖画收笔最低。

3.规律总结：多横多竖，平行等距，间距收紧。

第 5 讲 横竖伸展

一、学习目标

1.了解主笔的概念，掌握横竖做主笔时的书写方式，主笔突出可让汉字美观。

2.观察横竖做主笔时的长度变化，以及示范字笔画之间的对应关系。

3.感受书写的魅力，激发书写兴趣，陶冶性情，养成良好的书写习惯。

二、学习重点、难点

突出主笔横竖的长度，与其他笔画之间有对比。

三、实操过程

（一）书写技巧

引导学生观察总结横竖做主笔时的书写规律：要伸展写长，与其他笔画之间有对比。

（二）示范字指导

且：两竖直，多横等距，底横平稳，伸展写长，可至左右界点。

开：两横平行，上短下长；竖撇与竖将横画三等分，起笔不能在横画首尾；收笔撇高竖低。

早：上窄下宽，日写扁，两竖内收；多横等距；下部横竖要长，托起上面。

应提醒学生注意观察这类字的外形特点，要求学生注意在书写时做到下笔位置准确。

（三）词组练习

1.书写时，主笔长横要平稳；主笔长竖要垂直；其他笔画要收短，与主笔有对比。

2.书写时保持字的美观，主笔要伸展突出。

（四）拓展词组

1.保持规范的书写姿势。

2.字迹清晰，大小匀称。

3.上下对齐，字的重心要在一条水平线上。

4.注意字与字、词与词之间的间隔。

四、课堂总结

1.当字有横竖做主笔时，起平衡作用，骨架端正，不能短小。

2.本课常见易错点："且"写窄，竖要写直，底横写长；"开"上紧下松，两横间的距离不能太远，收笔撇高竖低；"早"字上部分不宜过大。

3.规律总结：主笔突出，横竖伸展，主次分明。

第6讲 撇捺伸展

一、学习目标

1.了解主笔的概念，掌握撇捺做主笔时的书写方式，主笔突出可让汉字美观。

2.观察撇捺做主笔时的曲直变化和撇捺收笔位置的高低不同，以及示范字笔画之间的对应关系。

3.感受书写的魅力，激发书写兴趣，陶冶性情，养成良好的书写习惯。

二、学习重点、难点

突出主笔撇捺的长度，其他笔画要收缩，与主笔撇捺有对比。

三、实操过程

（一）书写技巧

引导学生观察总结撇捺做主笔时的书写规律：要伸展写长，与其他笔画之间有对比。在上，撇低捺高；在中，撇捺持平；在下，撇高捺低。

（二）示范字指导

天：短横上扬对中点，第二横略长，二横平行写紧凑；撇捺伸展，撇捺分开角度大致相同，左右对应，撇高捺低。

合：上宽下窄，上部撇捺舒展，盖住下部；撇低捺高；横画写短；口写扁居中；下部多横等距，上下对正。

齐：文写扁，首点居中写在竖中线，横上扬，勿写长，点尾写撇，撇捺伸展，弧度变小，收笔齐平，下方竖撇与竖画起笔对齐，收笔撇高竖低。

应提醒学生注意观察这类字的外形特点，要求学生注意在书写时做到下笔位置准确。

（三）词组练习

1. 书写时，撇捺组合做主笔要写伸展，收笔可看作"长横"，其他笔画要收短，与主笔撇捺有对比。

2. 书写时保持字的美观，主笔要伸展突出。

（四）拓展词组

1. 保持规范的书写姿势。

2. 字迹清晰，大小匀称。

3. 上下对齐，字的重心要在一条水平线上。

4. 注意字与字、词与词之间的间隔。

四、课堂总结

1. 当一个字里撇捺做主笔时，起修饰作用，要伸展华丽，不能写短小。

2. 本课常见易错点："天"字撇捺倾斜角度不对应；"合"撇捺分开角度太小；"齐"字撇捺写得弧度过大，下方撇长竖短。

3. 规律总结：主笔突出，撇捺伸展，主次分明。

第 7 讲 钩画伸展

一、学习目标

1. 了解主笔的概念，掌握钩做主笔时的书写方式，主笔突出可让汉字美观。

2. 观察做主笔的钩画的书写方向，以及示范字笔画之间的对应关系。

3. 感受书写的魅力，激发书写兴趣，陶冶性情，养成良好的书写习惯。

二、学习重点、难点

突出主笔钩画的长度，其他笔画要收缩，与主笔钩有对比。

三、实操过程

（一）书写技巧

引导学生观察总结钩画做主笔时的书写规律：要伸展写长，横向主笔钩在字的最右，纵向主笔钩在字的最下。

（二）示范字指导

我：左紧右松，首撇短；横勿长；撇中写竖钩，对位左中点；斜钩展起笔最高，收笔低于竖钩；点尾对横尾。

也：横画上扬，竖画部分等距，竖弯钩写伸展，底部平稳。

问：两竖垂直，钩画在最低点，口要写小，居于门字框中上部位。

应提醒学生注意观察这类字的外形特点，要求学生注意在书写时做到下笔位置准确。

（三）词组练习

1.书写时，横折弯钩、竖弯钩主笔，钩最右；横折钩、竖钩、弯钩主笔，钩最下；斜钩主笔，钩在右下。

2.书写时保持字的美观，主笔要伸展突出。

（四）拓展词组

1.保持规范的书写姿势。

2.字迹清晰，大小匀称。

3.上下对齐，字的重心要在一条水平线上。

4.注意字与字、词与词之间的间隔。

四、课堂总结

1.当一个字里钩画做主笔时，起引领作用，不能短小。

2.本课常见易错点："我"字左右齐平，斜钩伸展；"也"字横折钩倾斜角度太小；"问"字口过低。

3.规律总结：主笔突出，钩画伸展，主次分明。

第8讲 主笔突出

一、学习目标

1.掌握突出主笔的书写技巧，主笔突出可让汉字美观。

2.观察做主笔的笔画的书写方式以及示范字笔画之间的对应关系。

3.感受书写的魅力，激发书写兴趣，陶冶性情，养成良好的书写习惯。

二、学习重点、难点

找到字中主笔，主笔要突出，其他笔画要收缩。

三、实操过程

（一）书写技巧

引导学生通过观察示范字，总结汉字中做主笔的笔画有：长横、长竖、撇捺、斜钩、竖弯钩、横折钩等。

（二）示范字指导

成：横画写短微上扬；撇尾撇向左下点；横折钩写小；斜钩伸展至右界点，斜钩低于横折钩；撇头对横尾；点尾对横尾。

丰：前两横短，第三横写长，三横平行等距写紧凑，长短写分明；竖画在横中起笔，上紧下松，左右均衡。

欠：撇稍立；横钩在撇画中间偏下位置起笔，横钩写短；人字撇画起笔偏左，对撇头；撇捺写伸展。

马：上紧下松，首笔横折横短折长，折稍向内收；横头写下竖，尖角写横，横展折内收，钩向第一折角；横写长向上移，不连右折，左右对应。

之：首点居中；点横分离，横上扬与撇夹角要小；平捺起笔稍偏左，先写横，与撇尾相交后右下行，行至横撇折角处平出捺脚，平捺写舒展。

时：左窄右宽，日字旁两竖垂直，三横等距；写右看左，寸的横画起笔低；竖钩主笔写长，收笔最低；点写高，居左上。

应提醒学生注意观察这类字的外形特点，要求学生注意在书写时做到下笔位置准确。

（三）拓展词组

1.保持规范的书写姿势。

2.字迹清晰，大小匀称。

3.上下对齐，字的重心要在一条水平线上。

4.注意字与字、词与词之间的间隔。

四、课堂总结

1.规律总结：主笔突出，主次分明。

2.本课常见易错点："成"字横画要写短，横折钩要写小，斜钩主笔伸展，弧度写小，将上扬的横拽下来的感觉，保持字的平衡；"丰"三横平行等距写紧凑，长短写分明；"欠"字的撇画要写得弧度较大，捺画写直；"马"字下方的钩可以对第一笔横折的折笔处，最后一笔横画可以偏上一些；"之"字横撇夹角要小，平捺舒展体现一波三折；"时"字书写时日字旁应居右部寸的中间偏上。

第9讲 短竖对应

一、学习目标

1.了解汉字书写时笔画有对应关系，掌握对应笔画的书写方式，左右对应可让汉字匀称。

2.引导学生观察对应两竖的倾斜角度，以及示范字其他部分的对应关系。

3.感受书写的魅力，激发书写兴趣，陶冶性情，养成良好的书写习惯。

二、学习重点、难点

短竖倾斜角度不同，收笔位置对在十字八点格的左右中点。

三、实操过程

（一）书写技巧

引导学生观察示范字，左边竖画内收时，右侧有对应笔画向内收。

（二）示范字指导

里：上窄下宽，两竖对应，横中写竖，多横平行等距，长短分明，底横写平稳。

西：首横短，框写扁，两竖内收，中间写小，底横平。

是：上紧下松，日写窄，两竖内收，中间横稍长，横中写短竖，竖中写短横，横尾对上折，多横等距，撇收短，捺画伸展写长。

应提醒学生注意观察这类字的外形特点，要求学生注意在书写时做到下笔位置准确。

（三）词组练习

1. 书写时带有扁框形字时，两侧短竖应写倾斜，两竖倾斜角度大致相同，如：要、重、串、口、雨、由等。

2. 书写时保持字的端正匀称，笔画左右对应。

（四）拓展词组

1. 保持规范的书写姿势。

2. 字迹清晰，大小匀称。

3. 上下对齐，字的重心要在一条水平线上。

4. 注意字与字、词与词之间的间隔。

四、课堂总结

1. 当字里左边竖画内收时，右侧有对应笔画向内收。

2. 本课常见易错点："里"字甲写得太大，竖画写得太长，横画不等距，底横短；"西"字首横写太长，下方部分写太小；"是"字上下对不正，最后一笔捺画歪歪扭扭。

第 10 讲 撇捺对应

一、学习目标

1. 了解汉字书写时笔画有对应关系，掌握对应笔画的书写方式，左右对应可让汉字匀称。

2. 引导学生观察撇捺收笔位置的变化，以及示范字其他部分的对应关系。

3. 感受书写的魅力，激发书写兴趣，陶冶性情，养成良好的书写习惯。

二、学习重点、难点

撇捺长短不同，起笔位置不同，书写时要有呼应。

三、实操过程

（一）书写技巧

引导学生观察示范字，撇捺是伸展笔画，一般是左右组合，撇捺要左右对应。

（二）示范字指导

春：多横等距，撇捺左右对应不相交，日写小，上部盖住下部。

表：上窄下宽，横等距，竖居中，竖提最低，撇捺对应。

寒：宝盖稍窄，多横等距，撇捺对应，起笔对上竖，点对点，上下对正。

应提醒学生注意观察这类字的外形特点，要求学生注意在书写时做到下笔位置准确。

（三）词组练习

1. 书写时，撇捺是左右对应关系的笔画组合，人字头、八字头、大字头、冬字头、又字头等字头，撇捺在字的上部分，撇直捺稍弯，收笔撇低捺高；大字底、木字底、火字底、又字底等，撇捺在字的下部分，收笔撇高捺低。

2. 书写时保持字的端正匀称，笔画左右对应。

（四）拓展词组

1. 保持规范的书写姿势。

2. 字迹清晰，大小匀称。

3. 上下对齐，字的重心要在一条水平线上。

4. 注意字与字、词与词之间的间隔。

四、课堂总结

1. 撇捺对应伸展写长，当撇捺组合在字上方时，撇直，捺略弯，收笔撇低捺高；当撇捺组合在字中间时，撇捺分开角度变大；当撇捺组合在字下方时，撇弯，捺直，收笔撇高捺低。

2. 本课常见易错点："春"字上下写得散；"表"字撇写得太弯曲，竖提写得太长；"寒"字上下两点不对正。

第 11 讲 横横对应

一、学习目标

1. 了解汉字书写时笔画有对应关系，掌握对应笔画的书写方式，左右对应可让汉字匀称。

2.引导学生观察左右有横时，右横的起笔位置，以及示范字其他部分的对应关系。

3.感受书写的魅力，激发书写兴趣，陶冶性情，养成良好的书写习惯。

二、学习重点、难点

左右有横时，右横起笔位置参照左横，或略高或略低或对正。

三、实操过程

（一）书写技巧

引导学生观察示范字，左右有横，右横对左横。

（二）示范字指导

打：左窄右宽，横中偏右写竖钩，左偏旁右平切；左右有横，横对横；丁字竖钩低于提手旁的竖钩，钩最低。

饮：食字旁的横钩在撇画中间偏上起笔，左右横对横；人字的撇画起笔偏左，对上撇头；捺画写伸展。

晴：日字旁写窄，居左上位置，青的首横对左横，中间长横对日字旁中间短横，月与上短横等宽，多横等距，长短分明。

应提醒学生注意观察这类字的外形特点，要求学生注意在书写时做到下笔位置准确。

（三）词组练习

1.书写时，通过左右横的对应关系，构建左右两部件的脉络，让汉字左右不分家，字形不松散，左侧部件横画较多的有：日、目、月、虫、王、酉、耒等，除此之外，还有很多。

2.书写时保持字的端正匀称，笔画左右对应。

（四）拓展词组

1.保持规范的书写姿势。

2.字迹清晰，大小匀称。

3.上下对齐，字的重心要在一条水平线上。

4.注意字与字、词与词之间的间隔。

四、课堂总结

1.左右有横时，右横起笔位置参照左横，或略高或略低或对正。

2.本课常见易错点："打"字首笔横画写太高，左侧竖钩写太长；"饮"字横钩写太宽，捺画作为主笔不伸展；"晴"字左右两部件散乱，长横不伸展。

第 12 讲 左右对应

一、学习目标

1. 了解汉字书写时笔画有对应关系，掌握对应笔画的书写方式，左右对应可让汉字匀称。

2. 引导学生观察汉字左右部件，找到笔画间的对应关系。

3. 感受书写的魅力，激发书写兴趣，陶冶性情，养成良好的书写习惯。

二、学习重点、难点

左右对应，脉络清晰。

三、实操过程

（一）书写技巧

引导学生通过观察示范字，总结汉字中有左右对应关系的笔画组合：竖竖对应、撇捺对应、横横对应、撇点对应、点横对应等。

（二）示范字指导

雨：首横短；竖内收；横长折短，左右对应，钩最低；横中写竖，竖居中写直；四点对应，分布均匀。

宙：上宽下窄，点居中；点横分离，横钩最宽；由写扁，两竖内收，左右对应；中竖直，对上点；三横等距。

举：三点写紧凑，起笔呈一条斜直线；横稍短；撇捺对应，起笔不相连；两横平行上短下长；横中写竖，竖垂直写长。

奋：首横短，右上扬；撇捺伸展，撇低捺高；田居中写扁，同向等距。

顾：横短撇长；左右同高，右横对左横；两竖垂直；点在右下，点写长。

期：左高右低，两竖垂直；多横等距；右侧齐平；横对横；竖等距。

应提醒学生注意观察这类字的外形特点，要求学生注意在书写时做到下笔位置准确。

（三）拓展词组

1. 保持规范的书写姿势。

2. 字迹清晰，大小匀称。

3. 上下对齐，字的重心要在一条水平线上。

4. 注意字与字、词与词之间的间隔。

四、课堂总结

1.规律总结：左右对应，写右看左，脉络清晰。

2.本课常见易错点："雨"字竖画写太长，四点写太大，留白不够；"宙"字宝盖要宽，由要写小；"举"字三点横向组合可当作"横"，撇捺起笔不相连；"奋"字撇捺伸展，撇低捺高，田要写小；"顾"字横画收短，点画要写长；"期"字横画收短，右钩最低。

第13讲 点竖对正

一、学习目标

1.了解汉字书写时笔画有对正关系，掌握对正笔画的书写方式，重心平稳可让汉字端正。

2.引导学生观察汉字中点画与竖画的位置，以及示范字其他笔画的对应关系。

3.感受书写的魅力，激发书写兴趣，陶冶性情，养成良好的书写习惯。

二、学习重点、难点

点在字中间，竖写直，点竖直对。

三、实操过程

（一）书写技巧

引导学生观察示范字，总结点画和竖画的位置关系：点下有竖，竖对点，点竖一般在部件的中间。

（二）示范字指导

市： 首点居中；点下有横要悬空，横画写长；巾写略宽，下竖对上点，竖写直，收笔最低，三竖平行等距。

永： 首点居中，横折钩横短，下竖对上点，竖写直，钩最低；横撇起笔超出上横，横撇折角对竖中，不挨竖；右侧撇画起笔高于横撇；撇捺交点对横撇折角；捺画写伸展，撇捺收笔持平。

帝： 首点居中；点下有横要悬空；左右两点写紧凑；秃宝盖写宽托起上部，盖住下方笔画；巾与上横等宽，下竖对上点，竖画写长，垂直居中。

应提醒学生注意观察这类字的外形特点，要求学生注意在书写时做到下笔位置准确。

（三）词组练习

1.书写时，通过点和竖（包含竖钩、弯钩的出钩点）的对正关系，让汉字保持端正，重心平稳，字形不歪斜。

2.书写时保持字的端正匀称，笔画上下对正。

（四）拓展词组

1.保持规范的书写姿势。

2.字迹清晰，大小匀称。

3.上下对齐，字的重心要在一条水平线上。

4.注意字与字、词与词之间的间隔。

四、课堂总结

1.点在字中，点下有竖，点竖直对。

2.本课常见易错点："市"字竖画垂直，横折钩折画垂直，最后一笔竖画将框内两部分平分；"永"字点画居中对下竖，横撇起笔超出上横，横撇不挨竖；"帝"字秃宝盖写宽，托住上方，盖住下方，最后一笔竖画写长，垂直居中。

第 14 讲 竖竖对正

一、学习目标

1.了解汉字书写时笔画有对正关系，掌握对正笔画的书写方式，重心平稳可让汉字端正。

2.引导学生观察汉字中竖画与竖画的位置，以及示范字其他笔画的对应关系。

3.感受书写的魅力，激发书写兴趣，陶冶性情，养成良好的书写习惯。

二、学习重点、难点

竖画要写直，上下对齐。

三、实操过程

（一）书写技巧

1.引导学生观察示范字，总结竖画和竖画的位置关系：竖竖上下组合，上竖对下竖，竖一般在部件的中间。

2.观察上竖画和下竖画的长短区分：当下竖下方有横画时，两竖等长，如：雷、堂、尘等；当下竖下方无笔画时，上短下长，如：常、桌、棠。

（二）示范字指导

卡：第一笔竖画略短；竖中写短横；长横写伸展；下竖对上竖；竖写直；点画起笔在下竖中间偏上。

走：横短竖高，多横平行等距；下竖对上竖，竖写直；撇画起笔对横头；捺画伸展。

卓：上竖短居中起笔高；日写扁，多横平行等距；横中写竖，下竖对上竖，下竖垂直要写长。

应提醒学生注意观察这类字的外形特点，要求学生注意在书写时做到下笔位置准确。

（三）词组练习

1.书写时，通过竖和竖（包含竖钩）的对正关系，让汉字保持端正，重心平稳，字形不歪斜。

2.书写时保持字的端正匀称，笔画上下对正。

（四）拓展词组

1.保持规范的书写姿势。

2.字迹清晰，大小匀称。

3.上下对齐，字的重心要在一条水平线上。

4.注意字与字、词与词之间的间隔。

五、课堂总结

1.两竖上下组合，中直对正。

2.本课常见易错点："卡"字横画写长对位左右点，点画书写长度与短横等长；"走"字最后一笔捺起笔在右横的延长线，超出上横出捺脚；"卓"字日部两竖略向内倾，角度匀称。

第15讲 点横对正

一、学习目标

1.了解汉字书写时笔画有对正关系，掌握对正笔画的书写方式，重心平稳可让汉字端正。

2.引导学生观察汉字中点画与横画的位置，以及示范字其他笔画的对应关系。

3.感受书写的魅力，激发书写兴趣，陶冶性情，养成良好的书写习惯。

二、学习重点、难点

点在字中第一笔，点下有横，点横不相连，点对横的中间。

三、实操过程

（一）书写技巧

引导学生观察示范字，总结点画和横画的位置关系：点横上下组合，点对横中，点画一般在部件的中间。

（二）示范字指导

良：首点居中；横折短，多横等距；竖写直，提最低；短撇起笔稍高，捺伸展，起笔在交点。

字：首点居中，点下有横要悬空；上下两部分写紧凑，钩对上点；最后一笔横稍长。

亮：首点居中，点对横中；口写扁；秃宝盖托起上半部分，盖住下方；多横等距；几写宽，钩超出上折，底部平稳，上下对正。

应提醒学生注意观察这类字的外形特点，要求学生注意在书写时做到下笔位置准确。

（三）词组练习

1.书写时，通过点和横（包含横折、横钩）的对正关系，让汉字保持端正，重心平稳，字形不歪斜。

2.书写时保持字的端正匀称，笔画上下对正。

（四）拓展词组

1.保持规范的书写姿势。

2.字迹清晰，大小匀称。

3.上下对齐，字的重心要在一条水平线上。

4.注意字与字、词与词之间的间隔。

四、课堂总结

1.点下有横，要悬空，点对横中。

2.本课常见易错点："良"字竖提要垂直，横折折画垂直，捺画主笔要舒展；"亮"字第二笔短横不要过长；"字"字宝盖勿宽，横画要长。

第 16 讲 上下对正

一、学习目标

1.了解汉字书写时笔画有对正关系，掌握对正笔画的书写方式，重心平稳可让汉字端正。

2.引导学生观察汉字中对正笔画的位置特点，以及示范字其他笔画的对应关系。

3.感受书写的魅力，激发书写兴趣，陶冶性情，养成良好的书写习惯。

二、学习重难点

上下对正，重心平稳。

三、实操过程

（一）书写技巧

引导学生通过观察示范字，总结汉字中有上下对正关系的笔画组合：点竖对正、竖竖对正、点钩对正、点对横折、点对折中、竖对横中、竖对撇头、竖对交点等。

（二）示范字指导

音：上宽下窄，点对横中；中间横画伸展写长；日与上短横同宽；多横等距。

旁：点居中；点横分离；横钩最宽；方写扁，点对点；横收短，钩对上点，钩最低；最后一笔撇与右折大致平行。

宝：首点居中，横钩稍宽；竖对上点；多横平行，底横写平；最后一点写小。

责：多横平行等距，中竖垂直，中间横画主笔伸展加长；贝写窄，与上短横等宽，撇头对上竖；点在右下，点写长。

杏：横中写竖，竖居中；撇捺伸展，底写平；口写扁，呈倒梯形。

余：撇捺伸展，撇低捺高；两短横平行，竖对交点，钩最低；左右两点写小靠上。

应提醒学生注意观察这类字的外形特点，要求学生注意在书写时做到下笔位置准确。

（三）拓展词组

1.保持规范的书写姿势。

2.字迹清晰，大小匀称。

3.上下对齐，字的重心要在一条水平线上。

4.注意字与字、词与词之间的间隔。

四、课堂总结

1.规律总结：上下对正，重心平稳。

2.本课常见易错点："音""旁"二字中间的点撇写太大，主笔横画不够长；"宝"字横钩写太短，中间竖画写太长；"责"字多横书写间距太大，不够紧凑，贝的两竖写不直；"杏"字木的竖和撇捺的收笔应该在一条线上；"余"字撇捺分开角度过大或过小，导致上下分家。

（三）软笔部分 三年级

第1讲 横画（长横）

一、学习目标

1.掌握长横的起笔、行笔、收笔以及在示范字中的应用。

2.体会长横的形态和书写力度。

3.感受书法的魅力，陶冶性情，传承优秀传统文化，增强文化自信和爱国情感。

二、学习重点、难点

掌握长横的起笔、行笔、收笔的控笔能力，包括运笔方向、力度的把握。

三、实操过程

视频演示和讲解示范字

一：注意起笔和收笔处，不刻意地画出长横的笔路，应落笔即成形，倾斜入笔，平衡行笔至末端，略向上轻提下压回锋收笔。

四、课堂总结

1.横要求左低右高。

2.掌握好控笔的能力。

第2讲 横画（短横）

一、学习目标

1.掌握短横的起笔、行笔、收笔以及在示范字中的应用。

2.体会短横的形态和书写力度。

3.感受书法的魅力，陶冶性情，传承优秀传统文化，增强文化自信和爱国情感。

二、学习重点、难点

短横的起笔和收笔以及短横的书写力度、倾斜方向。

三、实操过程

视频演示和讲解示范字

二：先写上面的短横，落笔即成形，斜尖起笔，逐渐加重，由细到粗，左低右高，至末端轻提回锋收笔。

三：第一横和第二横书写都是左低右高，第一横轻入起笔，微上提，中间略向下画弧。第二横落笔即成形，斜点起笔，由细到粗，左低右高，至末端轻提回锋收笔。第三笔长横，顿切起笔，中锋行笔，中间略窄至末端轻提下压回锋收笔。

四、课堂总结

多横应长短有变化，或有倾斜变化，或有粗细变化。

第3讲 横画（尖头横）

一、学习目标

1.掌握尖头横的起笔、行笔、收笔以及在示范字中的应用。

2.体会尖头横的形态和书写力度。

3.感受书法的魅力，陶冶性情，传承优秀传统文化，增强文化自信和爱国情感。

二、学习重点、难点

尖头横的书写方法，倾斜角度与力度。

三、实操过程

视频演示和讲解示范字

王：三个横不等长，第一横略粗于第二、第三横，中竖较粗，第一横呈左低右高，第二横微向右上倾斜，第三横要写正，三横平行但是不等距，第一、第二横的留白空间略大于第二、第三横的留白空间。

工：轻起笔略尖写短横，由轻到重，左低右高。短竖与其他短竖不同，轻出尖起笔，中间弯曲带一定的弧度行至末端加重停，与上下两横有连带呼应的关系。长横要注意左低右高，左短右长，中间略细。

四、课堂总结

多横应长短有变化，或有倾斜变化，或有粗细变化。

第4讲 竖画（短竖）

一、学习目标

1.掌握短竖的起笔、行笔、收笔以及在示范字中的应用。

2.体会短竖的形态和书写力度。

3.感受书法的魅力，陶冶性情，传承优秀传统文化，增强文化自信和爱国情感。

二、学习重点、难点

短竖的起笔和行笔，与其他笔画之间的搭配。

三、实操过程

视频演示和讲解示范字

士：横画顿切起笔调中锋行笔至末端，轻提下压回锋收笔。竖是特殊起笔的竖，先平头起笔后斜顿，调中锋沿起笔位置向下。长横和竖的交叉点应在长横中间位置略靠右。短横的写法同长横，一定要写得有厚重感。

土：第一笔短横书写较短、较细。中竖和短横中间位置交叉，中竖与长横结点在长横中间位置靠左。土字两横平行，短横略向右上倾斜，中竖两边留白空间相等，在长短横中间位置。

正：横画参照"王"字写法，注意两短竖都是尖笔倾斜入纸，两竖一细一粗、一长一短之间形成变化，中竖写在第一横中间靠左的位置，左边短竖写在第一笔短横外侧，注意粗细变化。长横写在短竖左侧。

上：竖画起笔略重，调中锋匀速行笔，行笔过程中逐渐向上提笔，减小压笔的力度，形成上粗下微细的形态。在竖画的上半部向右上提（点）。切笔入纸写长横，左短右长，左低右高，中间行笔略细至末端，轻提下压回锋收笔。

四、课堂总结

竖画重起轻行，与横画均在中间或靠右位置交叉。

第5讲 竖画（悬针竖）

一、学习目标

1.掌握悬针竖的起笔、行笔、收笔以及在示范字中的应用。

2.体会悬针竖的形态和书写力度。

3.感受书法的魅力，陶冶性情，传承优秀传统文化，增强文化自信和爱国情感。

二、学习重点、难点

悬针竖的起笔和收笔力度及悬针竖的应用。

三、实操过程

视频演示和讲解示范字

十：长横：轻入平出，注意横画斜势的角度，中锋行笔至末端，轻提向右下顿笔，回锋收笔。竖：平头入笔，中锋行笔至末端，从左侧向上回锋收笔。

千：顿切起笔写平撇，呈45°向左边撇出。长横略向右上方倾斜，位置靠上呈上紧下松，悬针竖平入起笔调中锋行笔，中部略细至三分之二处略加重后边提边收。注意横画、竖画的粗细变化，悬针竖更要笔力到位，切勿出现虚笔。

甲：轻起轻行写左侧短竖，微向内倾斜，横折横部起笔行笔均轻，微向右上倾斜，折处向左下压，调中锋，向下行笔且向内收拢，右侧竖画略长于左侧竖画，内部短横取左侧短竖中间位置，微向右上倾斜，下部中长横略探出于左侧竖画，且与右侧竖画相接。

悬针竖起笔位置较高，与上部横画相连接，取方框中间位置向下，匀速行笔，至末端渐轻出锋，悬针竖不可出虚笔。

四、课堂总结

悬针竖重起轻行，匀速出尖写出，切勿出现虚笔。

第 6 讲 竖画（垂露竖）

一、学习目标

1. 掌握垂露竖的起笔、行笔、收笔以及在示范字中的应用。

2. 体会垂露竖的形态和书写力度。

3. 感受书法的魅力，陶冶性情，传承优秀传统文化，增强文化自信和爱国情感。

二、学习重点、难点

垂露竖的起笔、行笔及收笔的书写方法和在示范字中的应用。

三、实操过程

视频演示和讲解示范字

井：两长横的书写要平行且微向右上倾斜，第二横略长于第一横，第一长竖斜切起笔调中锋行笔，中间微细略带弧度，行至末端向左上回锋收笔；第二长竖平切起笔，起笔位置略高于第一竖，中锋行笔至末端回锋收笔，收笔位置要略低于第一长竖。两竖之间距离不宜过远。

下：长横要写得厚重、凝实，左低右高，垂露竖的起笔位置在长横中间靠左，斜尖起笔调中锋行笔至末端向左上轻挑回锋收笔。点写在整个字的偏上部位置。

四、课堂总结

垂露竖重起轻行至末端，微向右上轻提回锋收笔。

第 7 讲 撇画（长撇）

一、学习目标

1. 掌握长撇的起笔、行笔、收笔以及在示范字中的应用。

2. 体会长撇的形态和书写力度。

3. 感受书法的魅力，陶冶性情，传承优秀传统文化，增强文化自信和爱国情感。

二、学习重点、难点

长撇起笔、收笔和书写力度，注意长撇的弧度与撇尖的处理。

三、实操过程

视频演示和讲解示范字

在：短横向右上的倾斜角度较大，长撇起笔在短横中间略靠右的位置向左下撇出。长撇书写的弧度不宜过大。短竖的起笔位置在第一短横起笔处的正下方，短竖的最低点不能低于撇尖。中间土字的书写不要太大，注意中间留白大小。

大：横画要写得左低右高，横画的倾斜角度稍微偏大，中间向下微弧。竖撇顿切起笔调中锋行笔至短横中间靠左位置交叉，力度略轻后加重至末端由重到轻撇出。轻尖起笔写捺画，调中锋向右下行笔，行笔时略加大力度至捺脚处捺出。

四、课堂总结

重起轻行，注意粗细变化，向左下撇出，切勿行笔太快出现虚笔。

第8讲 撇画（短撇）

一、学习目标

1.掌握短撇的起笔、行笔、收笔以及在示范字中的应用。

2.体会短撇的形态和书写力度。

3.感受书法的魅力，陶冶性情，传承优秀传统文化，增强文化自信和爱国情感。

二、学习重点、难点

短撇的书写大小、角度、倾向方向以及短撇撇尖的处理。

三、实操过程

视频演示和讲解示范字

生：首笔撇画较短，顿笔起笔逐渐变轻，向左下撇出，行笔较轻。第一、第二短横平行微向右上倾斜，中竖取第一短横中间偏右位置，平头起笔调中锋行笔，最下短横要求书写平稳勿倾斜，以支撑整个字的平衡，特别注意中竖将三笔横画分割，都是左边略长于右边。

人：撇画斜切起笔调中锋行笔，逐渐减轻笔的压力，至末端出尖撇出。捺画轻尖起笔调中锋行笔，逐渐加大力度至三分之二处加重平起收笔，注意人字中间的夹角，撇画捺画不能出现虚笔，笔笔写到位。

四、课堂总结

短撇书写时重起轻收，长度短于长撇，与其他部分可相连或不相连，切勿出现虚笔。

第 9 讲 撇画（平撇）

一、学习目标

1.掌握平撇的起笔、行笔、收笔以及在示范字中的应用。

2.体会平撇的形态和书写力度。

3.感受书法的魅力，陶冶性情，传承优秀传统文化，增强文化自信和爱国情感。

二、学习重点、难点

平撇的起笔、收笔以及平撇的倾斜角度与形态。

三、实操过程

视频演示和讲解示范字

丘：斜切起笔写平撇调中锋呈 45°倾斜向左撇出，不能出现虚笔。短竖出尖斜切起笔调中锋顺势向下，短横不能与竖相接，行笔至末端回锋至短横中间靠左的位置，顺势写点。长横略长以托住上部，注意长横的粗细变化。

千：顿切起笔写平撇，呈 45°向左侧撇出。长横略向右上方倾斜，位置靠上呈上紧下松，悬针竖平入起笔调中锋行笔，中部略细至三分之二处略加重后边提边收。注意横画、竖画的粗细变化，悬针竖更要笔力到位，切勿出现虚笔。

四、课堂总结

平撇一般出现在字头或者是在字上部分，"丘""千"二字平撇角度略为不同，注意调锋向左侧均匀推出。"丘"字平撇写完提笔直接写竖，竖笔回锋连带写短横，短横回笔顺势写点，充分展示书写时笔画的连带关系。"千"字悬针竖不要出现鼠尾。

第 10 讲 撇画（竖撇）

一、学习目标

1.掌握竖撇的起笔、行笔、收笔以及在示范字中的应用。

2.体会竖撇的形态和书写力度。

3.感受书法的魅力，陶冶性情，传承优秀传统文化，增强文化自信和爱国情感。

二、学习重点、难点

竖撇竖画的书写形态及竖撇的弧度和撇尖的处理。

三、实操过程

视频演示和讲解示范字

大：横画书写时左低右高，横画的倾斜角度稍微偏大，中间向下微弧。竖撇顿切起笔调中锋行笔至短横交点处，力度略轻后加重至末端由重到轻撇出。轻尖起笔写捺画，起笔位置在横撇交叉点处，调中锋向右下逐渐加重行笔，至捺脚处捺出，捺画不宜过长。

夫：第一、第二短横平行向右上倾斜，第二短横略长于第一短横，竖撇与两短横的交叉点均在横画中间靠左的位置。竖撇末端略探出于两短横的起笔处，捺画较长且撇捺舒展。

四、课堂总结

1. 竖部略直，起笔略重，行笔较稳，至三分之二处，向左侧撇出，且示范字中撇短捺长较为明显。

2. 横画取左低右高平行之势，竖撇于二者中间或略靠左交叉行笔。

第 11 讲 捺画（长捺）

一、学习目标

1. 掌握长捺的起笔、行笔、收笔以及在示范字中的应用。

2. 体会长捺的形态和书写力度。

3. 感受书法的魅力，陶冶性情，传承优秀传统文化，增强文化自信和爱国情感。

二、学习重点、难点

起笔和收笔的处理，以及力度掌握和倾斜角度。

三、实操过程

视频演示和讲解示范字

本：短横取左低右高之势，中竖起笔位置较高与短横中间靠右位置交叉，平头起撇调中锋行笔微轻，至中部，略加重后轻提向左下方撇出，起笔位置在横竖交叉点上，撇画弯曲弧度较大。捺画起笔在横竖撇交叉点处，捺画要写得略直，撇捺之间有呼应。下部短横不宜倾斜，取平稳之势，垂露竖行笔平稳，中部有粗细变化，至末端向左上回锋收笔。

天：两短横平行向右上倾斜，第二短横略长于第一短横。竖撇顿切起笔与第一短横不相接，且与第二短横交叉，调中锋行笔，力度略轻后加重至末端由重到轻撇出，竖撇起笔处不能与第一短横相连接。轻尖起笔写捺画，调中锋向右下行笔，行笔时略加大力度至捺脚处捺出，撇尾捺脚在一条水平线上。

足：左侧短竖轻起轻行，向右下微倾斜，横折横部微向右上倾斜，至折处略顿，二次发力向左下倾斜写竖，两竖向内拢，呈倒梯形，下部中竖取口部中间正下位置，短撇在口部左侧短竖下方起笔，捺画取撇画正中位置，轻起逐渐加重，向右下捺出，捺画行笔匀称且行笔方向微平且靠下。

四、课堂总结

1.捺画轻起逐渐加重，行笔要直，末端加重略顿捺出，收笔要平稳。

2.示范字中"足"字捺画中间微向下有弧度，整字上小下大，撇弯捺直，左右舒展。

第 12 讲 捺画（直捺）

一、学习目标

1.掌握直捺的起笔、行笔、收笔以及在示范字中的应用。

2.体会直捺的形态和书写力度。

3.感受书法的魅力，陶冶性情，传承优秀传统文化，增强文化自信和爱国情感。

二、学习重点、难点

直捺的书写轨迹、直捺的长短大小以及捺脚的处理。

三、实操过程

视频演示和讲解示范字

人：撇画斜切起笔调中锋行笔逐渐减轻笔的压力，向左下出尖撇出；捺画轻尖起笔调中锋行笔，逐渐加大力度至三分之二处加重平起收笔，注意人字中间的夹角，撇画捺画不能出现虚笔，笔笔写到位。

太：轻起笔略向右上倾斜写短横。竖撇尖起笔调中锋（注意粗细变化）向左下撇出，短横和竖撇的交叉点在短横中间靠左的位置。捺画的起笔在撇横的交叉点上，向右下略带弧度捺出。最后在交叉点靠下的部分写点画（注意整体的平衡和撇捺夹角的角度）。

四、课堂总结

直捺略短，捺角处平着向右捺出，中间不带弧度，做直行或垂直行笔。

第 13 讲 捺画（反捺）

一、学习目标

1.掌握反捺的起笔、行笔、收笔以及在示范字中的应用。

2.体会反捺的形态和书写力度。

3.感受书法的魅力，陶冶性情，传承优秀传统文化，增强文化自信和爱国情感。

二、学习重点、难点

反捺的书写轨迹、长短大小以及收笔处的处理方法。

三、实操过程

视频演示和讲解示范字

丕：上部长横顿切起笔稍重，中部行笔较轻，末端收笔处较重，且向右上倾斜，角度略大；下部长撇起笔在长横中间微靠右位置，重起轻收，撇横约呈75°夹角；短竖尖起略弯，撇竖交叉点与横画正中位置相对。反捺类似长斜点，起笔位置在撇竖交叉点，尖起逐渐加重，末端微向下压，回锋收笔。下部横画短于上横，且力度略大，中竖与短横结点在横画中间靠左。整字上部中心靠左，下部横画微向右伸展，保持字的平衡。

不：上部长横顿切起笔，起笔较重，中部行笔较轻，末端收笔处较重，且向右上倾斜，角度略大；下部长撇起笔在长横中间微靠右位置，重起轻收，撇横约呈75°夹角；短竖尖起略弯，撇竖交叉点与横画正中位置相对；反捺类似斜长点，起笔位置在撇竖交叉点，尖起逐渐加重，末端微向下压，回锋收笔。竖画与反捺两笔有笔断意连的呼应。

求：横画较短，轻起笔，微向右上倾斜，略加重收笔，竖钩顿切起笔与短横的交叉点在横画中间靠右的位置，中锋行笔，至末端略顿向左上挑出。左侧点和提相呼应，右侧短撇与反捺不与中竖相连接，整字呈左轻右重之势，竖画粗细有变化。

四、课堂总结

反捺书写类似长斜点，轻起笔向右下倾斜，逐渐加重，末端处向下压回锋收笔，依据字的大小掌握反捺的长短。示范字中"不"与"丕"两字反捺均与中竖相呼应。

第14讲 捺画（平捺）

一、学习目标

1.掌握平捺的起笔、行笔、收笔以及在示范字中的应用。

2.体会平捺的形态和书写力度。

3.感受书法的魅力，陶冶性情，传承优秀传统文化，增强文化自信和爱国情感。

二、学习重点、难点

平捺的书写形态与平捺的弧度，以及在示范字中的应用。

三、实操过程

视频演示和讲解示范字

之：上部点画靠右，下部提画的起笔处略低末端较高，与下一笔平捺做呼应不能相连，两画略带平行，注意提与平捺相距不宜过远。平捺斜切起笔，先平行笔，逐渐加重向右下行笔，捺脚不宜过长，中部平撇与平捺约呈60°夹角。

乏：第一笔平撇的角度稍立，略向下带一点弧度，点画呈微横的三角形，斜切起笔写提，顿切写第二个平撇，此平撇略向上微弧与第一平撇呈相背之势，提画与第二平撇做笔断意连的呼应。平捺的起笔向左侧探出，长于上部所有的笔画，平撇与平捺中间约呈60°的夹角，在此平捺为主笔，务必写得饱满、匀称。

四、课堂总结

平捺形态较平，斜度略小，且行笔时略带弧度。示范字中字形较扁书写较困难，多加以练习。注意示范字中夹角的角度和其他笔画的呼应关系。

第15讲 点画（斜点）

一、学习目标

1.掌握斜点的起笔、行笔、收笔以及在示范字中的应用。

2.体会斜点的形态和书写力度。

3.感受书法的魅力，陶冶性情，传承优秀传统文化，增强文化自信和爱国情感。

二、学习重点、难点

点画的书写方法、收笔方法以及斜点的倾斜方向。

三、实操过程

视频演示和讲解示范字

玉：第一笔短横斜切起笔，粗细变化不大，向右上倾斜。第二短横写法同第一短横，比第一横略短，与第一短横平行倾斜。中竖取第一横中间位置，要写得挺直、凝练。第三短横写法同前两笔短横，收笔处略过于中竖靠右，与前两笔短横不同之处在于倾斜的角度。斜点起笔位置较低，点的最下端和第三短横的下沿处在一条水平线上，点画较重，保持字的平衡。

亦：出锋点与斜点相似，唯一做了一种出锋的形态，正好与长横做呼应，承上启下，长横取左低右高之势，中间两短竖平行垂直向下，右侧短竖略长于左侧短竖，垂点的写法尖起笔向左下顿笔，向右下下压，回锋收笔，略出尖与右侧斜点做相对呼应，注意斜点与出锋点的书写力度。

炎：火字的笔顺，先写左右两点，再写撇捺，上部火字左右两点做呼应，撇画略短，行笔较轻，撇尖处与右侧最后斜点相呼应，撇点不宜开合过大，下部火字垂点撇点与上部最宽处相等，左右呼应，长撇中部弯度较大，下部微平，捺画较直，撇捺夹角大概为75°，捺脚较平，且与左边撇画在一条水平线上，保持整字的平衡。

四、课堂总结

尖起下按即收笔，朝四点钟方向落笔，绝不可画圈做点，要即按即收。

第16讲 点画（竖点）

一、学习目标

1. 掌握竖点的起笔、行笔、收笔以及在示范字中的应用。

2. 体会竖点的形态和书写力度。

3. 感受书法的魅力，陶冶性情，传承优秀传统文化，增强文化自信和爱国情感。

二、学习重点、难点

竖点的起笔、收笔以及在示范字中的特点。

三、实操过程

视频演示和讲解示范字

立：竖点平切起笔，竖直向下，上重下轻，写在短横中间的位置，垂点（竖点）尖起顿行向内收，外侧为圆弧形，收笔处与下一笔短撇呈笔断意连的呼应关系，长横位置取左低右高、左短右长之势，整字呈三角形，两横平行，均向右上微倾斜。

六：点的写法，字中共有两个点画，第一笔点画呈倒三角形，略向左弯曲，类似于短撇的写法，点画落笔位置与长横中点靠左的位置相交结，长横左低右高，行笔平稳，末端加重，下部第一短撇与上部点的倾斜方向相反，最后点画为斜点，轻起即加重，向左上回锋收笔。斜点要写得饱满。整字呈左低右高，下部短撇与斜点不在一条水平线上，短撇略长。

并：倒八是由竖点与短撇（撇点）组成，左高右低上开下合，两点呈相向之势，短横取左低右高，轻起轻收，两短竖平行垂直向下，右侧短竖长于左侧，中间部分两点呈左低右高，左点轻起向右上挑出，与右侧出锋点相呼应，底部长横略长以承托上部，轻起逐渐加重，与第一短横呈平行向右上倾斜之势。

四、课堂总结

平切起笔略重，收笔较轻，回锋无行笔，末端轻收。示范字中均居正中，且下端向左侧微撇。

（四）软笔部分 四年级

第 1 讲 点画（出锋点）

一、学习目标

1. 掌握出锋点的起笔、行笔、收笔以及在示范字中的应用。

2. 体会出锋点的形态和书写力度。

3. 感受书法的魅力，陶冶性情，传承优秀传统文化，增强文化自信和爱国情感。

二、学习重点、难点

出锋点的写法以及与下画的呼应关系。

三、实操过程

视频演示和讲解示范字

文：上部出锋点与长横做呼应，横画斜切起笔调中锋，中间略细向右上倾斜至末端，轻提下压回锋收笔。撇画在横画中间靠右的位置起笔（勿相连），调中锋注意粗细变化向左下撇出。捺画在横画的起笔位置靠右，平入起笔调中锋向右下行笔；行笔时力度逐渐加大至末端轻出捺脚（注意粗细变化、撇捺夹角的角度）。

言：出锋点与长横呼应，长横轻起笔中间略细，再逐渐加重至尾部回锋收笔，下边的两短横向右上方微斜且平行。口字左侧短竖，两头尖似柳叶状，横折不与第一短竖相连，横折横的部分轻起轻收，折处轻提下压二次发力（两短竖微向内收），口字呈倒梯形。整字是左低右高的态势。

四、课堂总结

注意出锋的方向与下笔的呼应关系，出锋不宜过大，亦不可草率。

第 2 讲 点画（垂点）

一、学习目标

1. 掌握垂点的起笔、行笔、收笔以及在示范字中的应用。

2. 体会垂点的形态和书写力度。

3. 感受书法的魅力，陶冶性情，传承优秀传统文化，增强文化自信和爱国情感。

二、学习重点、难点

垂点的书写方法、独特的收笔方式以及在字中的摆放。

三、实操过程

视频演示和讲解示范字

亦：出锋点与长横做呼应，承上启下，长横取左低右高之势，中间两短竖平行垂直向下，右侧短竖略长于左侧短竖，垂点的写法尖起笔向左下顿笔，向右下下压，回锋收笔，略出尖与右侧斜点做相对呼应，注意斜点与出锋点的书写力度。

赫：上部左右同形对称，左侧为短横，右侧起笔略尖，左横重起轻收，右横轻起重收，两横可呈平势，两竖内斜，左竖起笔略重，右部改为短撇，下部长横取左低右高，左重右轻，下部中间两短竖微内弧取相背之势，垂点斜点呈左低右高，整字上下不一，上部重心靠左，下部重心靠右，注意两短竖，左侧短竖向左上回锋收笔，右侧短竖向左上挑出。

四、课堂总结

垂点写法类似于垂露竖末端的写法，轻起垂直向下，即向右上回锋收笔，示范字中与左侧斜点有一种连带呼应关系。

第3讲 折画（横折）

一、学习目标

1. 掌握横折的起笔、行笔、收笔以及在示范字中的应用。

2. 体会横折的形态和书写力度。

3. 感受书法的魅力，陶冶性情，传承优秀传统文化，增强文化自信和爱国情感。

二、学习重点、难点

横折书写方法以及示范字中横折的两种形态。

三、实操过程

视频演示和讲解示范字

日：轻起写左侧短竖，调中锋行笔至末端略顿，横折在左侧短竖起笔位置起笔，调中锋微向右上倾斜至折笔处向上轻提下压加大力度写竖，横折的特点是横部用力稍轻，折笔后加大力度写竖（横细竖粗），收笔位置要低于第一短竖。口内短横的位置在第一短竖中间将整字等分。

旨：短撇不宜过长。中长横轻起笔逐渐加重至末端回锋收笔，呈左低右高之势。下部短竖起笔位置在上部横画起笔位置的正下方，横折与左侧短竖相连接，横部较短微向右上提至折笔处轻提向右下压调中锋行笔写竖部。中间短横在左侧短竖的中间略靠上位置起笔。

吉：短横、长横取左低右高之势，两横是平行均微向右上倾斜。中竖起笔在横画中间靠左的位置。口的字形呈倒梯形，口字的第一短竖，和折笔的竖均向内收且口字靠左。

田：轻起短竖，横折与第一短竖相连。横折，横画至折笔处重新起笔微向左下倾斜写短竖，倾斜幅度不宜过大。中间的短竖、短横起笔在相连笔画的中间位置将外框等分，布白匀称。

百：长横斜切起笔调中锋行笔，中间微向上作弧，至末端略加重回锋收笔。撇点在长横中间靠左位置下方起笔，第一短竖向内弯曲微作弧。横折的竖画向内弯曲微作弧，与第一短竖取相背之势。横折是分两部分写成，第一步横画写法同长短横的写法。折笔处横画轻提下顿写竖，折角的内部呈直角，外部写得要棱角分明。

曰：左侧短竖微向右下倾斜，角度不宜过大。横折一笔书成，横折的横部略向上作弧，转笔写竖微向内收至末端，折角处呈外圆内方。曰字整体呈倒梯形，上宽下窄，字形较扁。

四：第一笔短竖的轮廓左外侧为直边，右外侧为弧状，向右下倾斜写竖。横折要写得横长竖短，横画书写时中间略向下画弧，至折笔处重新发力向左下微倾斜写短竖，与第一短竖呈相背之势。中间一点一撇呈呼应关系。最下短横，取向上弯弓，且与上部长横呈相背之势，收笔位置略探出最右侧。

中：第一短竖顿笔起笔调中锋向右下微倾斜。横折之横部书写时微向右上方倾斜，运笔时中部略向下作弧，至折部向上轻提，重新发力向左下微倾斜写竖。和第一短竖呈向内靠拢之势。最下横画也取左低右高之势，中部略向上弯弓与上横做相背之势。中竖起笔位置略高于横折横部，顿切起笔调中锋向下作垂露竖，上短下长居口字正中。

四、课堂总结

书写时横部微向右上倾斜，折处分两笔写成，即轻提下压呈折角，或突出或不突出，均要写出横折的形态，示范字中的横折微有不同，注意运笔方法。

第 4 讲 折画（竖折）

一、学习目标

1. 掌握竖折的起笔、行笔、收笔以及在示范字中的应用。

2. 体会竖折的形态和书写力度。

3. 感受书法的魅力，陶冶性情，传承优秀传统文化，增强文化自信和爱国情感。

二、学习重点、难点

竖折的写法以及竖折的两种书写形态。

三、实操过程

视频演示和讲解示范字

山：平入起笔写中竖，中竖最长。竖折的写法是竖画与横画相结合，顿切起笔，调中锋，略向左下行笔，折笔处竖切起笔写横，横画可直可右上倾斜，最末短竖上重下轻，呈倒三角形，主体微向左下倾斜，三竖中间留白，大小相同。

出：中竖为主笔，要写长突出。最上竖折短竖轻起向左倾斜，角度较大，横画向右上倾斜，点画呈三角形。下部竖折平切呈方头，向左下倾斜写短竖，横画要探出于短竖，向右上倾斜。三角形的点与上点垂直分布，整字呈上大下小或上部略大于下部。

四、课堂总结

竖折竖部可垂直向下，亦可向左下倾斜，横部略微向右上倾斜，起笔处略探出于左侧竖部。示范字中两个竖折均有不同写法，多加以练习。

第5讲 折画（横撇）

一、学习目标

1. 掌握横撇的起笔、行笔、收笔以及在示范字中的应用。

2. 体会横撇的形态和书写力度。

3. 感受书法的魅力，陶冶性情，传承优秀传统文化，增强文化自信和爱国情感。

二、学习重点、难点

注意横撇的书写方法以及横撇的两种形态。

三、实操过程

视频演示和讲解示范字

又：横部起笔向右上倾斜，轻提二次发力，向左下方撇出，横撇夹角约为45°，撇画弧度稍大，与捺画相呼应，捺角呈圆肚状。捺画与横撇起笔处不相连，整字呈左低右高之势。撇尾与捺脚保持在一条水平线上。

反：短横起笔向右上倾斜（或作平撇）。最左长撇起笔略轻，中间行笔微加重，向左下撇出。横撇的横画较平，撇画与最左长撇平行向左下撇出。捺画写得较直，起笔位置在最左长撇中部靠上处，撇捺写得舒展。

名：短撇略小，横撇横部轻起笔即折顿，写长撇，长撇极长，起笔处略轻，逐渐加重，轻笔撇出，长撇书写时力度要稳，注意粗细变化。内部斜点在短撇撇尾处起笔，与长撇相结；下部口字注意开合，两横呈右上倾斜且平行之势。底部与长撇处在一条水平线上，保持字的平衡。

夕：短撇起笔重收笔轻，横撇横部力度较重，略短，角度微向右上倾斜，轻提下压写撇画折部突出，中间粗细有变化，一长一短两撇平行向左下撇出。点画在第一短撇末端起笔。

四、课堂总结

横部微向右上倾斜，折部突出或不突出。在示范字中"又"字折处较为突出，而"反"

字折不突出。注意两字撇画的方向和下部撇捺的舒展。

第6讲 折画（横折折撇/横折折折钩）

一、学习目标

1.掌握横折折撇/横折折折钩的起笔、行笔、收笔以及在示范字中的应用。

2.体会横折折撇/横折折折钩的形态和书写力度。

3.感受书法的魅力，陶冶性情，传承优秀传统文化，增强文化自信和爱国情感。

二、学习重点、难点

长横的起笔、行笔、收笔中的控笔能力，包括运笔方向、力度的把握。

三、实操过程

视频演示和讲解示范字

及：长撇顿切起笔，匀速行笔，横折折撇由横折和折撇相连组成，横折处起笔较重，顿切向右上逐渐变轻行笔，折处略顿，二次发力向左下且圆弧过渡写折撇，折部较小，撇处较轻较长。长撇与横折折撇相呼应，折撇略有弧度，且与左侧长撇平行。捺画轻起逐渐加重，向右侧捺出，起笔位置在左侧长撇中间靠上位置，撇捺较舒展。

乃：左侧长撇较长，略有弧度。横折折折钩第一折处横画略长，且向右上倾斜角度较大，重起轻行，至折处下压，二次发力，折部突出，第二折处轻起略短起笔，钩与第二折起笔处对齐，且第三折与左侧长撇平行。

四、课堂总结

横折折撇由横折和折撇相连，上折方，下折圆，行笔圆滑；横折折折钩两折皆方，下部钩处略顿挑出或做轻滑出，外方内圆。

第7讲 折画（撇点）

一、学习目标

1.掌握撇点的起笔、行笔、收笔以及在示范字中的应用。

2.体会撇点的形态和书写力度。

3.感受书法的魅力，陶冶性情，传承优秀传统文化，增强文化自信和爱国情感。

二、学习重点、难点

注意撇点的书写方法、撇点夹角的角度以及撇点的两种形态。

三、实操过程

视频演示和讲解示范字

如：左右结构，左高右低。"女"部撇画稍立顺势点画向右下，角度约为90°，右侧长撇起笔位置在左侧撇画起笔位置靠下，两撇平行，右撇撇尖与撇点末端保持一条水平线。提画略短，起笔位置靠下，倾斜角度较大。右侧"口"部，上大下小，写扁。两短竖向内收拢呈倒梯形，口字较为平稳。

安：上下结构。上部宝盖在这里变成秃宝盖，左低右高，写小，首笔竖点，横上扬出钩。下部"女"字，首笔撇点，在秃宝盖上方起笔作长撇，略高于第一笔竖点，撇点不相连，斜点较长，取平势。撇画向左下伸展。长横最长，中部起笔微上扬，以长横平衡整个字的重心。

四、课堂总结

撇点的撇与长斜点呈90°或小于90°夹角，撇与长斜点的关系相呼应，撇出即点。"安"字注意书写形态和撇点与右侧短撇及长横的搭配关系，左侧长斜点较长，横画左低右高。

第8讲 钩画（横钩）

一、学习目标

1.掌握横钩的起笔、行笔、收笔以及在示范字中的应用。

2.体会横钩的形态和书写力度。

3.感受书法的魅力，陶冶性情，传承优秀传统文化，增强文化自信和爱国情感。

二、学习重点、难点

注意横钩的书写方法以及横钩的两种形态。

三、实操过程

视频演示和讲解示范字

宜：垂点角度微向右下倾斜，起笔较轻，顿笔加重向左上轻挑回锋收笔。横钩的写法，横画带钩，横部略轻向右上倾斜至折处轻提斜向下压后，向左走中锋出尖，不宜过长，钩部写法与短撇写法相同。下部分由两个较长的竖和长短不等的横组成，两竖垂直向下，左细右粗，左低右高。四横的上三横均向右上倾斜且平行，最后长横粗细有变化，长度与头部宝盖相等或略长。

室：首点平行向下呈倒三角形，在横钩中间靠左的位置起点。垂点同宜字垂点。横钩横部向右上倾斜且行笔平稳。下部"至"字整体呈三角形，撇折要长于上短横，后点出锋处与"土"字第一短横做呼应，最后短横长度略长于第一短横。"至"字写在宝盖正下部，宝盖点与"至"字中心不在一条垂直线上，宝盖重心靠左，"至"字正中。

四、课堂总结

横部轻提，且向右上倾斜，横钩处类似横折写法，均为二次发力。"宜"字横部较轻，且倾斜角度微向右上。"室"字横画较为粗壮，且中间向下微弓，折部明显。

第9讲 钩画（竖钩）

一、学习目标

1.掌握竖钩的起笔、行笔、收笔以及在示范字中的应用。

2.体会竖钩的形态和书写力度。

3.感受书法的魅力，陶冶性情，传承优秀传统文化，增强文化自信和爱国情感。

二、学习重点、难点

竖钩的书写方法，下部钩画的书写方式，示范字中竖钩的两种形态。

三、实操过程

视频演示和讲解示范字

未： 两短横平行向右上倾斜，第二短横起笔位置略探出第一短横。竖钩起笔靠上，斜切起笔，和两短横交叉位置在中间靠右处，中锋行笔，粗细有变化，至末端，略加重，向右上推出小钩，似有似无，很难掌握，多加练习。撇捺在竖画与第二短横交叉处起笔。撇捺开合很大，撇尖捺脚宽度最大。整体呈左低右高，中竖最长，撇捺舒展。

末： 两短横起笔，第一短横轻入起笔，第二短横斜切起笔，二横短于一横，均向右上方倾斜，左低右高。竖钩顿切起笔调中锋向下行笔，至末端略顿，向左上平挑起尖，竖钩行笔在横画中间略靠右相交叉。撇捺均在竖画与第二横交叉点起笔，撇画略短，行笔较轻，捺画轻起重收，较长且舒展。整字左低右高，左轻右重。

来： 首笔短横左低右高，行笔较轻，收尾处与下点相呼应。顿笔写点向右上挑出，与右侧短撇做呼应，两点书写较扁，中间要紧凑。长横比两点宽度长，以作承托，取左低右高之势。竖钩平入，写在两横中间靠右的位置，调中锋行笔至末端，略顿向左上挑出，挑钩处不宜过大，注意竖钩行笔要稳，粗细变化，钩处切忌出虚笔。撇画略轻，捺画较重。

身： 平撇要平，约呈30度，向左下撇出，顺势写短竖。中间两短横向右上倾斜且平行。右侧竖钩顿切起笔，调中锋行笔，稍向内弓作弧，与第一短竖平行，且相背，至末端顿笔，向左上挑出，挑钩略大。提画探出于第一短竖，且与右侧长竖不相交，向右上倾斜，与上两短横平行。长撇弯度较大，起笔在竖钩外侧中间略靠上，向左下撇出。

四、课堂总结

竖钩的写法为竖画至末端，微顿调锋向左上推出或挑出，切勿草率挑出。示范字中的钩部与撇画有一种笔断意连的呼应。

第10讲 钩画（弯钩）

一、学习目标

1. 掌握弯钩的起笔、行笔、收笔以及在示范字中的应用。

2. 体会弯钩的形态和书写力度。

3. 感受书法的魅力，陶冶性情，传承优秀传统文化，增强文化自信和爱国情感。

二、学习重点、难点

1. 弯钩的起笔与收笔以及行笔的弯曲弧度。

2. 末端向左或左上挑钩的运笔方式和方法。

三、实操过程

视频演示和讲解示范字

子：提画向右上倾斜提出，顺势写短撇，中间不宜相连，约呈30°夹角。弯钩轻起出尖顺势调中锋向下，做弯势行笔，弯钩起笔收笔处应在同一条垂直线上，至弯钩末端，稍顿，向左侧推出。短横左长右短，与弯钩的交叉点在弯处，短横轻起至末端略重，左低右高，横画不宜太长。

乎：平撇斜切起笔，中间微弧。点、撇点相呼应，长横承托上部，轻起重收，左低右高。弯钩在平撇中部轻起做弯势行笔，中间较直，至末端均匀向外滑出，下部呈外方内圆的角。注意横画左长右短，左低右高，两点呈笔断意连的呼应。

字：宝盖取势左低右高，左点向左上回锋，收笔。横折横部行笔较轻，向右上倾斜，至末端，轻提二次发力，向左下，微撇。下部二短横均向右上倾斜，且平行，长短有变化。弯钩取第一短横中间靠右，轻尖起笔，逐渐加重，做弯势行笔，至弯钩末端向左上推出。整字重心靠左，右侧空间较大。

四、课堂总结

弯钩中间弧度较大，且起笔处与下部出钩处在一条垂直线上，中间行笔较稳，尖起略顿，末端向左或左上推出或滑出，呈外方内圆。示范字注意"子"字起笔处的形态。

第11讲 钩画（竖弯钩）

一、学习目标

1. 掌握竖弯钩的起笔、行笔、收笔以及在示范字中的应用。

2. 体会竖弯钩的形态和书写力度。

3. 感受书法的魅力，陶冶性情，传承优秀传统文化，增强文化自信和爱国情感。

二、学习重点、难点

1.竖弯钩的起笔、行笔和收笔，末端的书写形态。

2.示范字中两种竖弯钩的写法，以及竖弯钩与整字的平衡关系。

三、实操过程

视频演示和讲解示范字

己：上部起笔靠左，为下部竖弯钩留出多余空间。轻起写横折，取左低右高之势。竖画向左下略倾斜。第二短横同第一短横平行，且向右上倾斜。竖弯钩竖部略向左侧倾斜，中锋行笔，至转折处，力度调小，呈均匀转折，转横画逐渐加重，至末端，钩部加重，向左上挑出，钩处较大，呈外方内圆的角。整字上部重心靠左，竖弯钩的横笔要向右伸展，以保持字的平衡。

色：上部短撇略长。横折起笔在短撇起笔处，向右上倾斜，轻起即顿向下可作竖画，亦可作短撇，稍立。下部横折，向右上倾斜，左低右高，至折处向上轻挑，二次发力，向下写竖，折部突出。下短横与上短横平行。竖弯钩，竖部略向左侧倾斜，转折处力度调小，匀速向右逐渐加重，至末端，钩部加重，向正上方挑出，注意空间间距，竖弯钩右侧向外伸展，整字重心靠左，竖弯钩向右侧伸展，保持字的平衡。

光：短竖平切入纸，上粗下细，与左侧点画有连带关系，且左点与右短撇左右呼应，左低右高。竖画较短。短横不宜过长，与上部点、短撇长短相等。下部短撇收笔处略探出于中间横画。竖弯钩起笔略轻，调中锋逐渐加重，末端向右上挑出，右部加重，保持字的平衡。

尤：短横取左低右高之势。长撇弧度较大。竖弯钩取向左下之势写竖，弯处略轻后逐步加重，向右上挑出。上斜点要写得厚重凝实。整字重心靠左下，竖弯钩加重，左侧部位向右倾斜，保持字的平衡。

充：上部"云"字总体呈左低右高之势，且倾斜角度略大，下部短撇出锋处，要探出于上部最宽处。整字重心靠左下，竖弯钩书写较重，末端尖上向上挑出，右部加重，保持字的平衡。

四、课堂总结

竖部垂直或向左倾斜，折处圆滑过渡，逐渐加重，末端呈向右上或正上滑出或挑出，末端向上挑出部分力度加大，较厚重凝实。示范字中有些字重心靠左，不平衡，尾部加重以保持整字平衡。

第12讲 钩画（斜钩）

一、学习目标

1. 掌握斜钩的起笔、行笔、收笔以及在示范字中的应用。

2. 体会斜钩的形态和书写力度。

3. 感受书法的魅力，陶冶性情，传承优秀传统文化，增强文化自信和爱国情感。

二、学习重点、难点

1. 斜钩的起笔、行笔、收笔和挑钩处的处理方法。

2. 书写的流畅以及方向的掌控。

三、实操过程

视频演示和讲解示范字

戒：第一短横起笔行笔较平稳。下短横向右上倾斜，角度较大，两短横距离不宜过远。中间短竖在短横中间靠右处，左下短撇撇尾向左侧探出。斜钩顿笔起笔，调中锋斜向右下行笔，此处斜钩较长较直，起笔收笔处略重，中间弧度不大。短撇在斜钩三分之二处向左下撇出，短撇不宜过长，且与最右上斜点相呼应。整字中间部分紧凑呈外松内紧之势。

氏：平撇重起笔，向左下撇出，顺势顿切起笔写竖提，提画略长，与上部平撇平行，距离较舒展。在竖提竖部中间靠上轻起向右上倾斜写中长横。斜钩起笔在第一画平撇处，平起调中锋，向右下倾斜写出，与中长横的交叉点在长横中间略靠右位置，斜钩行至中部略向下弯弧，至末端微顿向右上挑出，外方内圆。整字斜钩较短，钩部较重，保持字的平衡。

武：半包围结构。轻入笔，写短横，稍细。中锋行笔，行至尾部，自上轻回笔，向右上倾斜。第二横同第一横，轻入笔，右上行，略长于第一横。第二横之下写短竖，短竖勿长。短竖右上侧写点（横），轻点向下。短竖中点左侧写竖，倾斜左下方，勿长。提画或横画微右上倾斜，左侧探出于上部起笔处，勿写长。斜钩起笔首横中上点，最高，轻入笔，右下行，圆弧过渡，至右下点，末端向右上挑出；斜钩与两横末端相交。

代：左半部略小，单人旁短撇较短，竖略长，竖画起笔在撇画中间微靠下。右部短横向右上倾斜，斜钩与竖提相似，竖部斜向行笔，中间向内作弯弧，弧度略小，首尾较重，中间较轻，至钩处略顿，向右上挑出。短横与斜钩的交叉点在斜钩中间略靠上的位置。注：斜钩书写较困难，注意粗细变化，以及倾斜角度，钩部多加以练习。

四、课堂总结

斜钩书写较长，上部较直，中间微弧，至末端略顿，向上或向右上挑出，此处行笔不宜太快，外侧为尖角或为直角，内部呈夹角或圆弧状，此画运笔距离较长，注意笔画的均匀和行笔的流畅。

第 13 讲 钩画（横折钩）

一、学习目标

1. 掌握横折钩的起笔、行笔、收笔以及在示范字中的应用。

2. 体会横折钩的形态和书写力度。

3. 感受书法的魅力，陶冶性情，传承优秀传统文化，增强文化自信和爱国情感。

二、学习重点、难点

横折钩的几种写法以及在示范字中的应用。

三、实操过程

视频演示和讲解示范字

同：最左长竖匀速行笔，中部略向内弯弓作弧，收笔处向左上回锋收笔。横折钩部横画微向右上倾斜，至折处向上轻提下压，二次发力，略加重，匀速行笔，微向中间作弧，两长竖取相背之势，至钩处渐慢，略顿，二次发力，向左上方挑出。中间部分书写时较为靠上，不宜写得过大或过小，保持疏密关系。

丹：第一笔竖撇行笔要稳，笔笔写实，上竖下撇弧度略小。横折钩部横画微向右上倾斜，至折处向上轻提下压，二次发力，略加重，匀速行笔，微向中间作弧，两长竖取相背之势，至钩处渐慢，略顿，再次发力，向左上方挑出。点画取上部正中，点画较厚重。横画居竖撇中间靠上处，左低右高，向上倾斜。

而：横长竖短的写法，第一短横左细右粗向上倾斜。短撇在短横中间靠左的位置撇出。最左侧短竖靠近短横起笔处。横折横部轻起调中锋略加重行笔，重心右移，折处下压，写向内收的短竖，至末端向左上挑出。中间两短竖平分内部空间，四竖等距分布，中间两短竖可写作一点一短竖，左右最外两短竖呈向内收之势。

尚：第一笔短竖上重下轻，起笔较平。左点与右撇点相呼应。下部最左短竖书写时向右下倾斜。横折横画左低右高至折处轻提下压，二次发力，调中锋微向左下写竖至末端，略顿向左上挑出。中间口字呈倒梯形，左低右高。下部四条竖画形态各异。

南：短横轻起，微向右上倾斜。横短竖长，上部中竖平切起笔调中锋，至短横中点相交，略变细向左下微撇出。下部最左短竖略向内收拢，轻起轻行。横折横部较长，行笔略轻，至折处，下压，调中锋向中间内拢行笔，至钩处向左上挑出。中间部分与上部呈垂直分布，中部主笔与上部短撇上下垂直写悬针竖，此竖最长。整字呈菱形，且左低右高。

方：平切写点，上重下轻，落笔点在长横中间的位置。长横斜切起笔，至末端略顿回锋收笔。横折横部尖起即折，向右下略带弧度行笔，至末端向左上挑出。长撇与横折钩相呼应，撇尖略探出上面长横。整字横折钩呈倾斜之势，撇画较长，保持平衡。

分：平撇起笔较重，第二中长撇起笔在平撇中间靠下位置，轻起轻收，弧度较大，两撇微平行。横折钩部斜切起笔，即轻提下压，写折部，行笔匀称且向右下倾斜，中间略显弧度，至末端，略顿向左上挑出，挑钩与最右侧斜点相呼应。整字笔画不宜相距太远，笔画较少，需紧凑。

勹：斜切起笔调中锋，向左下匀速撇出，横折横部微向右上倾斜或平势，起笔行笔略轻，至折处，微向右上轻提，二次发力下压，加重，向左下直行，至折处再次发力，向上挑钩。中间两短撇位置靠左，平行向左下撇出（三短撇间距相等）。

旬：短撇与其他短撇不同，起笔略顿，向左弯至末端，向回折，回锋收笔，短撇不宜过长。横折钩横部微向上倾斜，至折处向上轻提，略顿，二次发力，略加重，匀速行笔，至钩处渐慢，略顿，再次发力，向左上方挑出。中间"日"字第一起笔处与上部短撇收尾处呈垂直分布，两短竖与最右侧长竖平行，"日"字与句字框距离较大，中间留白空间较多。

力：横竖皆短，且横部向右上倾斜较大，竖部向左下倾斜，钩部略小，横折部分向右靠，有倾倒之象。撇画起笔在横部中间位置向左下撇出，撇尾要探出横画，保持字的平衡。

四、课堂总结

横折钩可长可短，可轻可重，折处均为二次发力向下，竖部形长且厚重，竖部大部分均比横画书写要轻，且折部突出，竖钩劲挺有力。

第14讲 钩画（卧钩）

一、学习目标

1.掌握卧钩的起笔、行笔、收笔以及在示范字中的应用。

2.体会卧钩的形态和书写力度。

3.感受书法的魅力，陶冶性情，传承优秀传统文化，增强文化自信和爱国情感。

二、学习重点、难点

1.卧钩的书写方法和在示范字中的应用。

2.卧钩起笔、收笔的写法以及卧钩的几种形态。

三、实操过程

视频演示和讲解示范字

心：独体字。轻入笔，向下顿，即回锋收笔，写最左侧垂点。卧钩顺锋入笔，逐渐加重，向右下圆弧行笔；至折处略顿，调锋向中间方向挑出，此钩不宜过直或过长，起笔略高于左侧垂点。中间点和右侧斜点呈左低右高，相呼应之势，右斜点不宜在卧钩外侧。注意此字不宜写得过扁，三点呈左低右高等距分布，卧钩是主笔，行笔要稳。

必：独体字，注意笔顺。第一笔先写撇，撇画稍立，顿切起笔，向左下逐渐减轻力度，撇出。卧钩顺锋向左下轻起，行笔由轻到重，形弯，后段较平，收笔折向左上出钩。三点位置第一点向左侧撇出，与第二点做呼应，第二点向右上挑出与最后斜点相呼应。

四、课堂总结

起笔处较轻，逐渐加重，至末端略顿，折向左上出钩，形状较弯或较平，微短，钩部较难掌握，多加以练习。示范字中，要注意"必"字的笔顺，点画、卧钩和其他笔画的呼应。

第15讲 钩画（横折弯钩）

一、学习目标

1. 掌握横折弯钩的起笔、行笔、收笔以及在示范字中的应用。

2. 体会横折弯钩的形态和书写力度。

3. 感受书法的魅力，陶冶性情，传承优秀传统文化，增强文化自信和爱国情感。

二、学习重点、难点

1. 横折弯钩的书写方法以及倾斜角度。

2. 横折弯钩的行笔与收笔的形态以及用力的大小。

三、实操过程

视频演示和讲解示范字

九：独体字。首笔撇，斜切入笔，中锋行笔至末端，略加重，向左下出锋撇出；横折弯钩，横画较斜，折角突出，尾部加重向上挑出钩，呈外方内圆。整字有向右上昂扬的态势。

四、课堂总结

横画较为倾斜，第一折要突出，下折圆滑过渡，后部横画向右下逐渐加重行笔，末端最重，向上挑出。注意示范字中横折弯钩的应用，以及示范字的平衡。

第16讲 提画（提画）

一、学习目标

1. 掌握提画的起笔、行笔、收笔以及在示范字中的应用。

2. 体会提画的形态和书写力度。

3. 感受书法的魅力，陶冶性情，传承优秀传统文化，增强文化自信和爱国情感。

二、学习重点、难点

1. 提画的书写方法以及力度的掌控。

2. 提画与示范字中其他笔画的呼应。

三、实操过程

视频演示和讲解示范字

公：左部短撇斜切入笔，短而锋利，直接提笔出尖，外直内弧。右斜点起笔稍高，向右下按笔回锋。撇、点距离稍大，左低右高。下方撇提书写时要有节奏，先压速提，再压再速提。点画要饱满，压住右上倾斜之势。整字的笔画都比较小巧，各笔画的入笔角度各不相同。

长：长字的四条横画均平行且向右上倾斜，中间两短横和左侧短竖是断开的关系，并且中间短横略短于最上的短横。最长横略微左低右高。在上半部短竖的下面起笔写竖提，在这个字里面提画略长，提头形方而大突出于短竖以外。捺画行笔要稳，由轻到重再到轻，收笔处在长横以外。

云：两横平行向右上倾斜。撇提起笔在第二横中间靠左位置，撇提不宜过大。最后点画较重，点尾与撇提下点保持一条水平线。

去：短横行笔较轻，取势较平。中竖与短横交叉点在短横中间靠右的位置。长横行笔略重，左低右高，注意长横粗细变化，中竖与长横的结点在长横中点靠左的位置。撇提略小，与整字差距较大，这是欧阳询的一种搭配方法，起笔处在中竖正下，提画较短。点画起笔于第一短横收笔处。

四、课堂总结

提画方头起笔且重，向右上逐渐变轻行笔，呈三角形，或长或短，亦可作弯的提画，均向右上倾斜，示范字中皆与前一画有呼应。

第二编 讲授方法

第一章 书法教学目标

第一节 总体目标

教学目标是总纲，一切教学活动都是围绕一定目标进行的。对于书法教师来说，明确书法教学的总目标、学段目标和每节课的课时目标，既是做好书法教学工作的前提，又是书法教学的方向。

郭沫若先生曾经讲过："培养中小学生写好字，不一定要人人都成为书法家，总要把字写得合乎规格，比较端正、干净、容易认。这样养成习惯有好处，能够使人细心，容易集中意志，善于体贴人。草草了事，粗枝大叶，独行专断，是容易误事的。练习写字可以逐渐免除这些毛病。"义务教育阶段书法教育不是为了培养书法家，而是为了辅助学生学习语文和其他课程、形成终身学习的能力打下良好基础；是为了培养学生良好的书写习惯，具备熟练的书写技能，并在此基础上具有初步的书法欣赏能力；是为了提高学生的语文素养，培养学生热爱祖国文字的情感，使学生成为全面发展的人。

制定书法教育教学目标，必须了解教育部印发的有关文件精神，必须学习《中小学书法教育指导纲要》和《义务教育语文课程标准》中关于书法教育的内容。

《中小学书法教育指导纲要》强调，中小学书法教育以语文课程中识字和写字教学为基本内容，以提高汉字书写能力为基本目标，以书写实践为基本途径，适度融入书法审美和书法文化教育。

1.面向全体，让每一个学生写好汉字。识字、写字是学生系统接受文化教育的开端，是终身学习的基础。中小学书法教育要让每一个学生达到规范书写汉字的基本要求。

2.硬笔与毛笔兼修，实用与审美相辅。中小学书法教育包括硬笔书写和毛笔书写教学。书法教育既要重视培养学生汉字书写的实用能力，还要渗透美感教育，发展学生的审美能力。

3.遵循书写规范，关注个性体验。中小学书法教育既要让学生掌握汉字书写的基本规范和基本要求，还要关注学生在书法练习和书法欣赏中的体验、感悟和个性化表现。

4.加强技能训练，提高文化素养。中小学书法教育要注重基本书写技能的培养，不断提高书写水平。同时在教学活动中适当进行书法文化教育，使学生对汉字和书法的丰富内涵及文化价值有所了解，提高自身的文化素养。

《中小学书法教育指导纲要》规定书法教育的总体目标和内容是：

1.学习和掌握硬笔、毛笔书写汉字的基本技法，提高书写能力，养成良好的书写习惯。

2.感受汉字和书法的魅力，陶冶性情，提高审美能力和文化品位。

3.激发热爱汉字、学习书法的热情，珍视中华优秀传统文化，增强文化自信与爱国情感。

《义务教育语文课程标准（2022年版）》明确语文课程围绕核心素养，义务教育语文课程培养的核心素养，是学生在积极的语文实践活动中积累、建构并在真实的语言运用情境中表现出来的，是文化自信和语言运用、思维能力、审美创造的综合体现。

在语文学习过程中，培养爱国主义、集体主义、社会主义思想道德，逐步形成正确的世界观、人生观、价值观。热爱国家通用语言文字，感受语言文字及作品的独特价值，认识中华文化的丰厚博大，汲取智慧，弘扬社会主义先进文化、革命文化、中华优秀传统文化，建立文化自信。关心社会文化生活，积极参与和组织校园、社区等文化活动，发展交流、合作、探究等实践能力，增强社会责任意识。感受多样文化，吸收人类优秀文化的精华。认识和书写常用汉字，学会汉语拼音，能说普通话。主动积累、梳理基本的语言材料和语言经验，逐步形成良好的语感，初步领悟语言文字运用的规律。学会使用常用的语文工具书，运用多种媒介学习语文，初步掌握基本的语文学习方法，养成良好的学习习惯。学会运用多种阅读方法，具有独立阅读能力。能阅读日常的书报杂志，初步鉴赏文学作品，能借助工具书阅读浅易文言文。学会倾听与表达，初步学会用口头语言文明地进行人际沟通和社会交往。能根据需要，用书面语言具体明确、文从字顺地表达自己的见闻、体验和想法。积极观察、感知生活，发展联想和想象，激发创造潜能，丰富语言经验，培养语言直觉，提高语言表现力和创造力，提高形象思维能力。乐于探索，勤于思考，初步掌握比较、分析、概括、推理等思维方法，辩证地思考问题，有理有据、负责任地表达自己的观点，养成实事求是、崇尚真知的态度。感受语言文字的美，感悟作品的思想内涵和艺术价值，能结合自己的经验，理解、欣赏和初步评价语言文字作品，丰富自己的情感体验和精神世界。能借助不同媒介表达自己的见闻和感受，学习发现美、表现美和创造美，形成健康的审美情趣。

第二节 第二学段教学目标

根据《中小学书法教育指导纲要》《义务教育语文课程标准（2022年版）》，三年级至四年级书法学习目标如下：

一、硬笔教学目标

1.掌握执笔要领，书写姿势正确，不急不躁，专心致志。学习正确的运笔方法，逐步体会起笔、行笔、收笔的运笔感觉，逐步感受硬笔书写中的力度、速度变化。

2.开始学习使用钢笔，逐步体会铅笔、钢笔书写的特点，能规范、熟练地书写正楷字。掌握常见偏旁部首的书写方法，理解汉字结构的应用规律。逐步提高汉字书写的能力，实现书写规范、端正、整洁；做到平正、匀称；力求美观；逐步提高书写速度。

3.在培养"提笔就是练字时"的基础上，培养学生学习汉字的浓厚兴趣，养成主动识字的习惯，懂得爱惜文具。

二、软笔教学目标

1.掌握毛笔的执笔要领和正确的书写姿势，了解笔、墨、纸、砚等常用书写用具的常识，学会正确使用与护理。注意保持书写环境的整洁。

2.学习用毛笔临摹正楷字帖，掌握临摹的基本方法。学会楷书基本笔画的写法，初步掌握起笔、行笔、收笔的基本方法，注意利用习字格把握字的笔画和间架结构，感受汉字的书写特点和形体美。

3.开始接触楷书经典碑帖，初步感受汉字的文化内涵，尝试集字练习，懂得爱惜文具。

第二章 完整的教学流程

第一节 书法课堂教学过程

一次完整的书法课教学，一般有"课程导入—讲授示范—临摹练习—批改评价—课堂总结"等教学环节。有时用1课时就可以完成这一过程，有时则需要多课时交融进行。

一、课程导入

在课堂教学中要培养、激发学生的兴趣，首先应抓住课程导入这一环节，在一开始就把学生牢牢地吸引住。课程导入是课堂教学的一个重要环节，能激起学生的探究热情与学习欲望，创设愉悦的学习情境，架起新旧知识的联系桥梁。课程导入是直接为教学新知做准备的，是一堂课成功的起点和关键。教师能否先声夺人，快捷有效地将学生带入预设的学习情境中，直接影响这一节课的成败。

二、讲授示范

讲授示范是书法教学的重要环节之一，不仅写字姿势、运笔方法要讲授示范，字的笔顺、结体、章法更需要讲解，示范书写。在习字的过程中，要让学生看清笔画的起笔、行笔、收笔以及运笔时的提、按、快、慢。对相似的笔画和字形，要在讲授示范中进行比较，指出可能出现的不正确写法，使学生在练习时更加清楚明了。不仅讲解与示范要结合起来进行，还要与指导相结合，边讲授边示范边指导，形象直观，效果更好。

教师在讲授时要注意引导学生进行观察。一个汉字的笔画书写有长短、轻重、主次、快慢之分；不同结构的部件之间有宽窄、大小、高低之分等。为了使学生练字掌握规律，每节课不仅要引导学生观察示范字的字形、笔顺，观察每个笔画的位置，还要重点指导学生观察关键的笔画，观察落在横中线、竖中线上的笔画等。写正确字靠"形"，写好字靠"型"，准确把握了示范字的笔画、部件、结构特点和组合方式，领悟了其中的书写规律，做到了"意在笔先，笔居心后"，就接近写一手漂亮的字了。

三、临摹练习

一切的创新都始于模仿。练习写字，也是要先描临后创作。学生观察示范字后，在把握特点、领悟规律的基础上，教师即可引导学生根据示范字的笔顺规则（字的笔画、笔顺）描摹习字格中的示范字。描要仔细、认真，力争做到笔笔到位、手写心记。通过两遍（通常描两遍）的描摹，学生基本记熟了字在习字格中的位置，对示范字的特点及书写规律有了深入体会。

学生习字前，可以先看黑板上的示范字或字帖中的示范字进行书空练习作为过渡。学生习字开始后，教师要巡视指导，有意识地关注不同层次的学生，对书写中普遍存在的问题，应及时在全班给予纠正；对书写困难的学生，则应个别辅导，甚至手把手教写。

四、批改评价

习字批改是书法教学的一个重要组成部分，它是教师检查书法教学效果的重要手段，使教学具有较强的针对性和指导意义。批改要及时，要注意直观性、示范性，不要笼统地给个符号或简单地批个"阅"字，要用红笔进行圈注，把学生写得好的字圈出，以鼓励学生认真习字。学生写错了的字或不认真写的字，要用红笔标出，让其订正或重写。教师可以适时写上指导性的批语，肯定优点，指出缺点，让学生及时了解自己的练习结果。同时，可采取学生自评、互评或师生共评的方式，帮助学生体会自己和别人作业中的优缺点，培养学生的审美和评判能力。

自评时，要求学生对照示范字，找出不足，同时学会用欣赏的目光审视自己的字，从中找出自认为美的字（哪怕是一个笔画、一个偏旁），告诉自己"我真棒"并与同伴交流，共享亲手创造的美好，体验成功的喜悦，增强写好字的信心。

互评时，教师要提供评价的标准及评价原则。如书写是否正确，结构是否合理，主笔是否突出，运笔是否到位，页面是否整洁，要善于发现别人的长处等。当学生有了评价的标准后，评价就能有的放矢，同时，互评可有效地帮助学生深入体会书写技巧。

教师总评时，辅以比较的方式，找优缺点。通过横向比、纵向比，评出进步作业、优秀作业，相互传阅，做好展示，让大家找差距、学优点。教师应该及时表扬激励，评语要恰当准确，对学生写得不足的地方要委婉指出，帮助其改进，发现"闪光点"。

教师要对学生的习字进行分析、评改，这是提高学生书写水平的重要一环。讲评要抓住教学重点，着重指出书写的问题，通过讲评肯定进步，纠正偏向，以引起全体学生的注意，起到巩固和提高的作用。

五、课堂总结

课堂总结是完成课堂教学任务的终了阶段，是教师富有艺术性地对所授知识和技能进行归纳和转化升华的过程。书法教学要提高效能必须进行课堂总结，要对本节课的知识结构进行整理和归纳，按知识点之间的内在联系归纳出学习知识的线路，具体的知识点要尽可能留出空白由学生来填。与其他章节知识联系紧密的，在归纳出本节知识结构的基础上要体现与其他章节知识的联系，同时还要引导学生对学习方法进行归纳，最终达到对知识的融会贯通。

第二节 课程导入示例

一、什么是导入

导入，顾名思义指"引导"和"进入"。在课程导入中，"引导"是教师的行为，"进入"则是学生的行为。导入是教师在一项新的教学内容或教学活动开始前，引导学生做好心理准备和认知准备，并让学生明确学习目标、学习内容以及学习方式的一种教学行为。一堂课导入的成与败直接影响着整堂课的效果。所以教师上课伊始就应当注意通过导入语来激发学生的思维，以引起学生对新知识、新内容的热烈探求欲。

二、导入的意义

理想的导入是教师经验、学识、智慧和创造的结晶。它好比一把钥匙，开启学生的心扉，营造愉悦的学习氛围，诱发学生的求知欲望和学习兴趣，达到"课未始，兴已浓"的愤悱状态，所以导入无论是对教师的"教"还是对学生的"学"，都意义重大。

（一）引出课题，揭示教学意图

无论教师选择何种导入方法，都是为了引出本节课题，揭示教学意图。同时，导入可以帮助学生从上课伊始就大致了解本节课的学习目标，明确学习的方向。

（二）铺设桥梁，衔接新旧知识

导入是课与课之间的"桥梁"和"纽带"，具有承上启下的作用，既是先前教学的自然延伸，也是本节课教学的开始。巧妙地导入，使新旧知识之间建立一种非人为的、实质性的联系，为深入学习新的知识打下基础。

（三）引起注意，迅速集中思维

注意是人的心理活动对一定对象的指向和集中，是进行任何学习活动的前提条件。俄国教育家乌申斯基说过："注意是我们心灵的唯一门户，意识中的一切，必然都要经过它才能进来。"导入时，教师必须首先对学生的注意进行唤起和调控，调动学生的认知注意和情绪注意，如果课程导入环节设计不好，学生的注意力不集中，对教师给予的各种刺激就会视而不见、听而不闻，影响新知识的学习。而富于创意的导入，具有先声夺人、引人入胜的效果，学生上课伊始就把注意力转移到新课的学习上来，为完成新的学习任务做好心理准备。

（四）激发兴趣，产生学习动机

兴趣是入门的钥匙，是知识的"生长点"。学生学习有兴趣，就能全神贯注，积极思考。贴切精练的语言，正确、巧妙地导入新课，可以激发起学生强烈的求知欲望，引起学生浓厚的兴趣，激发学生热烈的情绪，使他们愉快而主动学习并产生一种坚忍的毅力，收到事半功倍的效果。所以，善导的教师，在教学之始，就千方百计地诱发学生的求知欲，使学生有一种力求认识世界、渴望获得知识、不断追求真理的意向。

学习动机是推动学生学习的内部动力，是激励和指引学生进行学习的一种需要的心理状态，也就是学生要学习的愿望、意愿。早在春秋时期，孔子在《论语·述而》中就说："不愤不启，不悱不发。"教师在学生进入"愤"的状态时"启"，在学生进入"悱"的状态时"发"。导入时，教师的最主要的工作之一就是引导学生进入"愤悱"的状态。学生一旦进入了这种状态，就能产生强烈的学习动机，主动、自觉地投入学习中去，变被动的"要我学"为主动的"我要学"。

三、导入的方法

在书法教学中，我们总结出了以下15种导入方法及案例，希望对您的教学导入有所帮助。

（一）故事导入法

故事导入法是通过讲故事的方法导入新知识。生动的故事可以吸引学生的注意力，激发学习的兴趣，从故事中找到练字、写字的榜样和动力。

示例 十字八点法的导入

颜真卿三岁的时候，父亲病死了，母亲带他回到了外祖父家。颜真卿的外祖父是位书画家，母亲也是个知书达理的人。他们见颜真卿很聪明，就教他读书写字。颜真卿练起字来很专心，一笔一画从不马虎，一写就是大半天。母亲见儿子练字这样用心，心里又喜又愁：喜的是儿子将来一定会有出息，愁的是家境不宽裕，哪有余钱买纸供他练字呢？颜真卿很懂事，见母亲为没钱买纸的事犯愁，就悄悄地自己开始琢磨。一天，颜真卿高兴地对母亲说："我有不花钱的纸笔了，您别发愁了！""傻孩子，纸笔哪有不花钱的呢？""您瞧，这不是吗？"颜真卿手里举着一只碗和一把刷子，欢快地说："这只碗是砚，这把刷子当笔，碗里的黄泥浆就是墨！""那……纸在哪儿呢？"母亲又问。颜真卿用手指了指墙壁，认真地说："这就是纸！不信，我写给您看！"说完，他拿起刷子，在碗里蘸满了泥浆，走到墙壁前挥"笔"写了起来。等到墙上写满了字，他又用清水把字迹冲洗掉。然后又重新写起来。看到儿子有了不花钱练字的好法子，母亲高兴地笑了。由于颜真卿刻苦好学，长大以后，他不但练就了一手好字，而且也成了一个博学多才的青年。

颜真卿聪明好学，找到了练字的好法子，我们也需要有练字的好法子，今天我们就一起来认识一种借助习字格写好楷体字的好法子——十字八点法。

（二）珍闻导入法（也叫引趣导入法）

珍闻导入法是通过介绍人世间罕见的珍闻吸引学生的兴趣和注意力。这种导入方法跟故事导入有一定的相似性，区别就在于通过新奇事物吸引学生。

示例 横钩的写法的导入

一字毁千军

1935 年 5 月初，蒋介石与冯玉祥、阎锡山在中原展开大战。冯玉祥和阎锡山为了更好地联合讨蒋，曾商定双方部队在河南北部的沁阳会师，以集中兵力歼灭驻守在河南的蒋军。但是不幸的是，在拟定作战命令时，冯玉祥的一名作战参谋把"沁（qìn）阳"的"沁"多写了一笔，成了"泌（mì）阳"。碰巧河南南部就有个泌阳，不过这个地方与沁阳有千里之遥。冯玉祥的部队接到命令，匆匆赶往泌阳，结果贻误战机，错过了聚歼蒋军的有利时机，使蒋军获得了主动权。在近半年的中原大战中，冯、阎联军处处被动挨打。一字之差，最终导致冯、阎联军在中原战场的全面失败。

同学们注意本节"横钩的写法"，也一定要和前面"横折的写法"区分开。写出规范、漂亮的笔画。

当然，珍闻导入不仅仅限于形近字或相似偏旁部首的学习导入，教师还可以结合自身知识储备，挖掘奇闻逸事来激发学生学习书法的兴趣、调动他们学习的积极性，导入新知识。

（三）游戏导入法

游戏导入法是上课伊始，先组织学生做游戏，在游戏中逐步导入新知。书法课堂可以多用一些游戏导入的方式，比如组字游戏、拆字游戏、猜字游戏、击鼓传花游戏、捉迷藏游戏等，教师可根据具体课程内容灵活设置游戏。这里我们列举击鼓传花游戏和捉迷藏游戏，希望能对您的教学提供帮助。

示例一 击鼓传花游戏——"横"的写法导入

教师借助一支粉笔（一朵红花或一块橡皮也可），从某位同学开始，按照一定顺序传递，教师背对学生，随时喊"停"，粉笔（红花或橡皮）落在谁手里，就请谁说出一个包含"横"画的字（因低年级学生的汉字储备有限，此游戏可允许选中学生有一次求助机会）。等学生说出四个至五个包含"横"画的字之后，请同学们观察这几个字中"横"画的不同写法，然后引出本节主题"横"的写法。

击鼓传花游戏在任意一课都可以使用，请大家灵活选择。

示例二 捉迷藏游戏——"反文旁"的导入

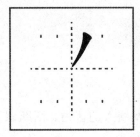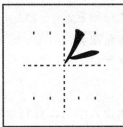

教师逐步出示如上图所示的"短撇""横""撇""捺"。每一笔写完均请学生猜一猜是哪一个偏旁部首，最终确定"反文旁"，引出本节主题。另外，"捉迷藏游戏"还可以用在示范字的练习书写中，增强课堂练习的趣味性。

（四）图画导入法

图画导入法就是用一张或几张精美的图画或随手勾画的几笔，给学生带来一种异彩纷呈的感觉，让僵化的事物在学生的心中"活"起来，从而迅速进入书法课堂。

示例 "横斜钩"的写法导入

图一   图二   图三

上课伊始，出示图一，请同学们先观察这幅图，结合小鸟的动作说出自己想到的一个字，很快会有同学说出来"飞"，再出示图二确定大家说的是正确的，然后出示图三楷体"飞"的写法，引出本节课主题"横斜钩"的写法。

（五）歌谣导入法

歌谣，特别是童谣，是小学生喜闻乐唱的一种艺术形式。在课堂教学中有目的地引入一些童谣，并加以诱导，可提高学生的想象力和思维能力。

示例 "门字框"的导入

门字就像一扇门，

门里有耳听新闻，

门里站人亮闪闪，

门里张口讲学问，

门里挂日午间到，

门里有才门闭紧，

门里奔马想闯关，

门里种木是闲人。

（六）歌曲导入法

以歌曲来导入新课，可使学生心情愉快地投入学习，有利于发展人的智力、活跃课堂氛围。

示例 "捺"的应用导入

播放或请学生试唱歌曲《生僻字》开头部分：

我们中国的汉字

落笔成画

留下五千年的历史

让世界都认识

我们中国的汉字

一撇一捺都是故事

通过"一撇一捺都是故事"导入本节主题"捺"的应用。

歌曲导入法既可以活跃课堂氛围，融洽师生关系，又可以释放学生心灵，在轻松愉悦的氛围中感悟新知，获得学习的乐趣。

（七）直接导入法

直接导入法就是教师开门见山地点出课题，并由课题生发出去。优点是主题突出、论点鲜明。教师简洁、明快地讲述或设问是直接导入成功的关键。直接导入适合于一个比较完整的学习内容的开始，且师生比较熟悉，学生学习自觉性较强时适用。

示例 "左右相同"的导入

很多汉字的书写都是由两个相同的部件组成的，今天我们就来学习左右结构的汉字中的左右两部分相同的书写技巧。

本导入方法在运用时要注意：不应一开始就直接导入新课的内容，应对本节课教学内容和教学要求进行简短概要的说明，以引导学生将注意力集中到新课教学中。

（八）间接导入法

间接导入法就是由相关的问题或者事件导入新知识的学习。间接导入不仅可以吸引学生的注意力，更可以引起学生对所授新知的深入思考。

示例 "竖折的写法"导入——二四手指操

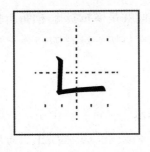 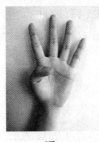 

图一 图二

学生左手做出图一手势，右手做出图二手势，两手同时出示；然后交换，同时右手出示图一手势，左手出示图二手势，逐步加快交换频率，学生手忙脚乱易出错。以此启发学生看似简单的动作，要想配合默契，也需要多加练习。"竖折"的写法也是如此，我们学习过"横""竖"的写法，但是如何写好"竖折"依然需要用心练习。

竖折是在学生学过"横""竖"的基础上进行的学习，会存在不认真书写的现象。以此导入，提醒学生认真书写。

（九）迂回导入法

迂回导入法就是先解决一些容易解决的问题，然后再触及教学的重点和难点。书法教学中运用迂回导入法可帮助学生逐步接触问题重点，循序渐进理解所学内容。

示例 "左窄右宽"的导入

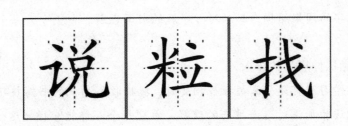

通过看一看、写一写、找一找，说一说三个字的共同之处：看，字的间架结构；写，自己动手书写这三个字；找，找一找这三个字中的共同之处；说，同桌、前后桌之间说一说，在讨论中找到相同之处——点画，引出左右结构书写规律——左右结构中，左边笔画少或者右侧有伸展笔画，应左窄右宽。

（十）悬念导入法

悬念，即暂时悬而未决的问题，能够引起学生对课堂教学的兴趣，使学生产生刨根问底的急切心情，在探究的心理状态下接收教师发出的信息。教师结合所教内容的性质，根据教学目标，把所要讲授的问题化为悬念，把学生的注意力引导到教学目标上来。

示例一 "横折折撇/横折折折钩"的写法导入

向学生出示山路曲曲折折的图片和河流曲曲折折的图片，告诉学生，山路曲曲折折，河流曲曲折折，中国汉字笔画中也有曲曲折折，它们就是横折折撇/横折折折钩。哪些字包含横折折撇/横折折折钩，怎样才能把这两种笔画写好呢？就在咱们今天要学习的基本笔画中。

示例二 "点竖对正"的导入

请学生自己书写点画，然后依次书写"市""永""帝"三个字，并提问：点画写在什么位置最合适？点画和竖画之间的位置存在什么关系？引起学生思考后，引入本节主题：点竖对正。

悬念导入法是常用的导入方法之一，请各位教师灵活运用。

（十一）目的导入法

目的导入法就是上课前先把本节要完成的教学目标说清楚，以得到学生的配合。这种导入方式适用范围较广，在基本笔画、偏旁部首、间架结构的教学中都适用。

示例一 "弯钩"的写法导入

本节的主要学习目标是：会写弯钩，重点掌握弯钩的书写技巧，同学们注意起笔、行笔、出尖的位置，并且能够较熟练地书写出示范字。希望今天我们每个人都能写出漂亮的弯钩。

示例二 "心字底"的导入

本节的主要学习目标是：掌握心字底的书写技巧，能结合示范字掌握心字底的书写位置，体会示范字的间架结构，加深对心字底的书写理解。希望今天每个人都能写出漂亮的心字底。

示例三 "撇捺伸展"的导入

本节的主要学习目标是：掌握撇捺相交时，撇捺收笔高低的书写技巧，通过示范字的书写，同学们逐步加深对这一技巧的理解。希望每个人都能掌握好这一书写技巧。

（十二）作用导入法

作用导入法就是讲课前先把本课所要讲的知识的作用介绍给学生，以激起学生的学习欲望。

示例一 "竖"的应用导入

每个汉字都是由基本笔画组成的，熟练掌握基本笔画书写技巧，可以为我们以后写出漂亮的汉字奠定良好的基础。我们马上要学习的"竖"的写法在汉字基本笔画使用频率中排在第二位，在汉字中起到支撑作用，掌握了竖的书写技巧，对将来大家写好汉字会有非常大的帮助。比如"基本笔画"四个字中就有7画用到长竖和短竖。可见"竖"在汉字中的重要性，所以请大家认真学习我们这节课的内容。

示例二 "口字旁"的导入

字典里，"口"字旁和"言"字旁的字加起来，构成了中国汉字部首类里最庞大的家族。而且曾有研究总结出了最常用的 520 个汉字，这 520 个汉字，大约由 100 个偏旁部首组成，其中使用频率最高的就是"口"，另外在《中国常用字部件构字数表》中出现次数最多的部件也是"口"，由此可见"口"在汉字中的重要程度。本节课我们就一起来学习由"口"做偏旁时的书写技巧。

（十三）课题导入法

课题导入法就是直接分析题目的含义，以课题进行新知识的引入，激发学生的原动力，进而传授知识的方法。课题导入有利于帮助学生尽快抓住重点，进行学习。

示例一 "草字头"的导入

今天我们一起来学习"草字头"，字典中查找该部首，可以找到数百个字，而且这些字大多跟植物有关。本节课我们就来学习"草字头"和它的示范字。

示例二 "左小右大"的导入

很多汉字都是左右结构的，今天我们就来学习左右结构中的第二种：左小右大，左偏上。比如"吸""峰""攻"，三个字中的左边部分的"口"部、"山"部、"工"部都是小而偏上的。它们具体的组合技巧就在我们本节课的学习中。

（十四）切入导入法

切入导入法就是抓住所要学习内容的某一重点或难点，单刀直入，直插课程精彩部分。切入导入法能够迅速有效地帮助学生抓住重点。

示例 "斜撇的应用"的导入

出示上图，撇在汉字笔画使用频率中排在第三位，很多字中都有撇画，这一画的书写重点在于掌握撇画的长度，在示范字中能够掌握撇画的书写角度。请同学们在本节课的学习中格外注意。

（十五）衔接导入法

从教学知识整体结构出发，根据同一类型知识的顺序，承上启下，承前启后导入新课，帮助学生明白知识之间的前后联系。

示例 "门字框"的导入

在基本笔画中学习了点画、竖画和横折钩画的书写，"门字框"既是这三种笔画的组合，又是以后学习"框型结构"的基础，起到了承上启下的作用。本节课我们就一起来学习门字框。

其他偏旁部首，如木字旁、竖心旁、草字头、提手旁等也可以用这种导入法，另外还可以用在组合规律教学中同类技巧的导入。

第三节 课堂总结示例

一、什么是课堂总结

课堂总结是指在课堂结束之前，利用两三分钟的时间，教师富有艺术性地对所学知识和技能进行归纳总结，并予以升华和延展的教学行为方式。课堂总结是一节课中必不可少的教学环节，良好的课堂总结可以激发学生的思维，带来画龙点睛的效果，应该引起教师的足够重视，让学生感到"课已尽，意无穷"。

二、书法课堂总结的要求

（一）科学准确

书法课堂总结，最起码的要求是保证科学性、思想性，同整堂课的前几个环节一样，向学生传授的书法知识技能是准确的、科学的。

（二）目的明确

书法课堂总结，要结合教学目标和学生的实际状况，具有明确的目的性，或从重点、难点进行强调，或从思想教育方面进行升华。

（三）言简意赅

课堂总结，要做到重点突出，干净利索、语言精练地收尾，起到画龙点睛的作用。课堂总结的最重要作用在于提纲挈领地归纳总结出本节所学，提示学生抓住重点，切忌拖泥带水。

（四）富有启发

课堂总结，要给学生以启发，最好教师启发学生总结出一节课所学，以激起学生探索的积极性，做到点而不透。如果把一节课比作凤头、猪肚、豹尾；那么总结就应像豹尾一样强劲有力。

（五）有教育性

课堂总结，要尽量变得富有思想性和感染性，尤其是我们书法教学既是在帮助学生提高书写技能，又是在传承中华传统文化。在课堂总结中，结合实际情况，使学生在准确掌握知识的同时，受到思想和情感上的陶冶。

三、课堂总结的常见形式

教学有法，教无定法。在遵循一定要求的前提下课堂总结没有固定的形式，教师可根据课型和课堂上学生的实际情况来设计不同的总结。以下是比较常见的 10 种课堂总结方式，仅供参考。

（一）归纳总结式（提纲挈领式）

归纳总结式是指教师在总结一节课时，运用准确、简练的语言，提纲挈领地使新知识在学生大脑中经过信息编码而定格。根据教学内容，结合班级学生的特点，在课堂总结时可以提出针对本节课的问题，激发学生的探索意识，将所学内容进行归纳、整理，使之系统化。

示例 "竖钩的写法"的课堂总结

问题一 同学们，今天我们学习的基本笔画是什么？（学生回答出"竖钩"的写法。）

问题二 怎样写好这一基本笔画？（引导学生说出竖钩笔画的起笔、行笔、收笔技巧：稳起笔，慢写竖，直下行至末端停，蓄力出尖左上行。）

问题三 怎样才能写好这一笔画？（引导学生说出多练习）

通过提问归纳总结，锻炼学生运用准确、简练的语言将所学内容进行概括，同时直接帮助学生整理思路，加深对所学内容的理解。归纳总结式的总结是最常用的课堂总结方式，在规范书写教学的课程中都可以广泛应用，请大家灵活选择。

（二）启迪思维式

成功的教学所需要的不是强制，而是激发学生兴趣。兴趣是学生主动学习、积极思维、探索知识的内在动力。通过引起学生兴趣来启迪学生思维，也是课堂总结的一种重要方式，概括起来可以分为以下两种启迪思维，引起兴趣的方法：

1.伏笔式

伏笔式，即学习完本节内容后，有意留下一个"尾巴"，提出一些有一定难度的问题，而这些问题又是下一节课要探究的，让学生带着疑问结束一节课的学习，达到意犹未尽的效果，从而激起学生主动探索的兴趣。

示例 "撇捺伸展"的课堂总结

师生共同总结，本节所学：撇捺伸展——撇捺做主笔时，要伸展写长。在上，撇低捺高；在下，撇高捺低。师生共同按照此规律依次边说边书空本节课的示范字，再次强调：在上，撇低捺高；在下，撇高捺低。然后抛出问题：竖撇收笔时，竖和撇又该怎样书写呢？请学生课下思考，下一节课我们再仔细探究。

这样的总结既总结概括了本节所学的重点和难点，又为下一节课的教学埋下伏笔，促使学生发现新旧知识之间的联系，主动建立知识结构。

伏笔式课堂总结应用很广，尤其适合前后两节课内容联系较紧密的课之间，请大家灵活运用。

2.延伸式

由于课堂教学的时间有限，要想让学生在课堂学习中掌握更多的与课堂教学内容相关的知识，可以在课堂总结环节，鼓励学生课后继续探寻与本节相关的内容，将课内学习延伸到课外。比如可以采取鼓励学生自己动手搜集相关资料、推荐学生阅读相关书籍、与家长一起探索等方式激发学生课外探索的兴趣。

示例 "三点水"的课堂总结

师生共同总结"三点水"的书写技巧，即首点找位左中点，二点左延位上移，提尾对点尾。师生一起说出示范字书写的技巧。

教师布置任务：①找一找学过的带"三点水"的字。

②与家长一起，试着说一说这些字的书写技巧。

延伸式的课堂总结，实现课内和课外学习的有机结合，既可以帮助学生巩固所学知识，又可以拓展学生的知识面。教师可以在学生学习任务不重的时候，多使用这种总结方式来拓展学生的书法知识。

（三）分析比较式

分析比较式就是教师将本节课所学内容与之前类似的内容进行比较总结，找出它们之间的相同点和不同点，帮助学生将本节所学内容与相关内容区分开来，同时加深对本节所学内容的理解。

示例 "横折钩（二）的写法"的课堂总结

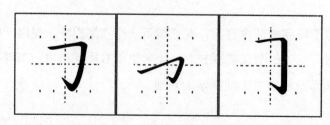

教师可根据教学实际，在课堂总结时用分析比较式课堂总结，引导学生结合示范字，比较体会"内收横折钩"的写法，注意起笔向右行，速写横，折停后，竖内敛至末端，收笔尖角向左上提；"尖角横折钩"的写法要注意左下起笔，右上行，尖角内折左下行，行至中点弹出钩；"横平竖直横折钩"的写法关键在于速写横，停笔转折，竖直向下至末端，向左上起笔方向迅速出钩。在比较中，让学生不至于混淆三种写法，达到教学目标，提升教学效果。

（四）图表式

图表式总结就是通过图示和表格的形式，引导、归纳、总结出当堂所学的知识，或揭示同以前所学知识的联系和区别。

示例 "撇捺对应"的课堂总结

本节课作如下总结，帮助学生明确撇捺组合不同位置的书写技巧：

撇捺组合	相同点	不同点
撇捺在上	交点 居中	撇直，捺略弯，撇低捺高
撇捺在中		撇捺分开角度变大
撇捺在下		撇弯，捺直，撇高捺低

通过表格对比，清晰、明确，一目了然，在学习组合规律，或者相似的基本笔画时，可以多运用这种总结方式，帮助学生明确联系，加深理解。

（五）交流评价式（互动式）

书法课堂应该给学生足够的时间和空间去思考和练习，让学生有机会畅谈自己的书法学习体验和收获，有机会表达自己的困惑、喜悦和心得。这种课堂总结方式是开放的，不仅关注学生的书法学习结果，而且关注学生学习书法的体验和感受，关注学生的情感、态度和价值观。

示例 任意一节课的课堂总结

师：这节书法课带给你什么样的感受？

生：自由回答（教师做积极鼓励式评价）。

师：如果用满分10分表示你对本节课自己表现的满意度，你会打几分？为什么？

生：自由回答（教师根据学生的回答，积极地给予表扬肯定，打分较低的可以适当鼓励引导，必要的时候课下指导）。

这种课堂总结方式通过你说、我说、他说，发展学生思维，调动学生学习的积极性，激发学生学习的内驱力，同时可以有效地加深师生之间的沟通，活跃课堂氛围，给予了学生更多的参与课堂交流的机会，学生畅所欲言，有利于培养他们的书法兴趣，增进自身书法学习的情感体验，是学生尽情发挥才智、引领学生情感升华的好机会。

（六）活动激趣式

1.游戏活动总结

把游戏引入课堂，寓课堂总结于游戏中，使学生在轻松、愉快的活动中掌握新授知识。这种总结方式比较适合低中学段的学生。

示例 "绞丝旁"的课堂总结——词语侦探

游戏规则：教师依次读出下列词语，当词语中有含有绞丝旁的字时，学生迅速举起左手，没有绞丝旁的词语时，学生迅速举起右手。同桌相互监督。游戏结束，出错四个以上的同学上讲台板演一个"绞丝旁"的示范字。

河流 安逸 源源不断 眼花缭乱 纤细 约定 掩耳盗铃 蒲公英 纸上谈兵……

游戏式的课堂总结，不仅巩固今天所学的，而且让书法课变得生机盎然，增加学生的学习兴趣。教师可以根据班级实际情况灵活设计游戏总结，让学生在轻松愉悦的氛围中结束一节课的书法学习。

2.竞赛活动总结

比赛能鼓励人争先创优，每个人都有上进心和自我表现的需求，学生的这种愿望更加强烈，他们希望受到老师的表扬，同学的赞赏。在比赛中获胜，能很好地满足自己的表现欲望，所以在课堂总结时我们可以通过竞赛活动的方式，满足学生自我表现的同时，加深学生对本节所学内容的印象。比赛可以是个人赛也可以是小组赛。可以进行抢答比赛，也可以是书写练习成果展示赛。教师可根据自己班级情况灵活设置竞赛总结规则和内容。

示例一 "横折弯钩的写法"的课堂总结——小组抢答赛

比赛规则：前后桌四人一组，教师提出问题后，学生举手发言，其他组可以补充，每答出一条，积一分，得分最高组获胜。获胜组的成员的名字将出现在书法主题板报表扬栏中。

问题一：横折弯钩的书写技巧

回答要点：1.轻入笔，左上行；2.右上尖角，左下行；3.左下圆角水平向右，收笔正上提。

问题二：示范字"九"的书写技巧

回答要点：撇折平行，横上扬，撇尾对横，弯钩展。

问题三：示范字"几"的书写技巧

回答要点：撇立折直，撇尾对横，弯钩展。

问题四：示范字"乞"的书写技巧

回答要点：二横平行，弯钩展。

问题五：你学这节课有什么心得体会？（学生言之成理即可得分。）

示例二 任意一节书法课——书法练习成果展示赛

比赛规则：认为自己书写优秀的同学自己主动到讲台前，展示自己本节课的书写，并一一说出在书写过程中运用了哪些技巧，有哪些书写注意事项，说出自己书写好在哪里（教师及时鼓励大家多发言，展示自己）。待所有同学发言完毕，全体学生举手选出全班认为书写最好的五个人。将他们的作品放到班级优秀作品展览区或者书法主题板报展览区展览。

运用竞赛式总结，教师要注意多鼓励全体学生发现书写优秀学生的优点，找出自身书写的不足，教育全体学生，培养他们积极进取的品质。

3.故事活动总结

故事有一定的情节，学生喜闻乐见，把它引入课堂总结，可以培养学生的书法兴趣，也会收到很好的效果。

示例 "竖的应用"的课堂总结

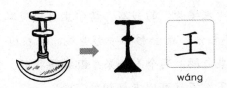
wáng

"王"字原是一把斧头的轮廓。那时的大斧是两面双刃的，显示了它的无所不能。于是它的斧口部分，就形成了"王"字上下部分的两横，斧柄则形成"王"字中部的一横。经过长期的演变和发展，"王"就成为古代隶书和今天楷书时的样子。"王"字的原意是大斧，大斧既是劈山开路的工具，也是征战杀戮的兵器，谁掌握大斧谁便拥有至高无上的权力，谁就是"王"，这也是祖先以大斧作为权力的象征的原因。王字三横一竖，三横代表天、地、人；一竖通天地人。"王"字中竖笔大家要注意：起笔停稳，竖直向下，行笔要稳，稳稳停。

教师可以结合汉字起源的故事，灵活运用到导入和总结中，增加书法课堂的趣味性。注意故事活动总结要简洁，避免拖泥带水。

4.口诀式总结

口诀式总结即教师结合教学内容，精心编制口诀让学生朗读、记忆的总结方法。这种方法既能激发学生的学习兴趣和热情，又能促使知识的牢固记忆。

示例 "心字底"的课堂总结

心字底，像卧佛，自然安详字底卧，

卧钩稍缓略写扁，一字穿心点两边。

口诀式总结可以在任意一课使用，课本中每节课，每个字的书写，都总结了它的书写技巧，只要稍加整理就是口诀，教师可以根据自身经验和班级学生特点灵活使用，以更好地帮助学生掌握书写技巧。

（七）渗透式总结

书法教学的思想品德教育，一定要注意与书法知识、技能的教学有机结合，把书法知识掌握与思想品德教育有意识恰当地联系起来。将有意识的教育寓于无意识的受教育之中，做到在知识教学中自然、适时、适量地渗透。渗透式总结可以有效地帮助书法教学达成情感、态度与价值观目标。具体可以借助以下两种方式进行：

1.结合示范字或者偏旁部首渗透

根据汉字的结体规律和美学原则，阐析字形同做人之间的联系，把写字同育人结合起来，使学生在情趣盎然的字形分析中掌握写字规律，明白做人的道理，受到守纪律、团结协作、谦让互助等方面的教育。

示例 "木字旁"的课堂总结

木字旁中有一个示范字"林"，教师可以结合这个示范字做如下渗透：

这节课我们学习了"木字旁"的书写，请学生再次观察"林"字的书写，如果两个"木" 不作变化，互不相让，就会影响字形美观。把左边"木"的一捺写成一点，字就漂亮多了。这就像同桌之间，两个人如果手都撑得很开，就会引起吵架、争议。但如果两个人互相主动让一下，不就可以友好相处了吗？

这样总结既生动形象，又使学生从中受到启发，知道了你争我占不谦让会影响团结，集体生活中不能事事以自己为中心，应多考虑他人利益，形成和谐融洽的人际关系。

2.通过优秀作品展示做渗透式总结

教师可以选出班级书写的优秀作品，通过两步实现对学生的品德教育：

第一步，欣赏字的间架结构，感受汉字的形体美，养成正确的写字姿势和良好的写字习惯；

第二步，学生分享书写心得，相互学习，帮助学生养成团结协作、互帮互助的习惯。

（八）前呼后应式

前呼后应式总结需要教师在导入新课时给学生设疑置惑，总结时释疑解惑。这样前呼后应形成对照，使学生豁然开朗。

示例 "点竖对正"的课堂总结

教学伊始，教师做如下导入：

请学生自己书写点画，然后依次书写"市""永""帝"三个字，并提问：点画写在什么位置最合适？点画和竖画之间的位置存在什么关系？引起学生思考后，引入本节主题：点竖对正。

课堂总结：通过本节课的学习我们知道"点在字中第一笔，首点要居正，点下有竖时，竖对点"。

这种前呼后应式的总结不仅能给学生留下深刻印象，更重要的是可以帮助学生进一步掌握本节课的主要内容。

（九）轻松结尾式

轻松结尾式也是一种使用较多的总结方法，常用的表达方式就是："同学们，这一节课的内容就学完了。"

通常来讲，此种方法在一定的条件下适用：一是本节课的教学任务全部完成，顺利达到了教学目标，这时不必再多说；二是学生近日各科学习任务较重，需要得到休息，以缓解大脑的紧张状况，在这种情况下，轻松结尾比较合适。

（十）表扬鼓励法

喜欢受表扬是人们共有的心理状态，学生更加如此。一节课结束时，对学生进行表扬鼓励，会使学生受到莫大的鼓舞。特别是在一个单元即将结束的那节课的结尾运用表扬鼓励法对这一单元中表现良好的学生进行表扬鼓励，既表扬了表现好的学生，又对其他学生起到强化、榜样作用，会显示出意想不到的效果。

第三章 书法教学中的教师示范

第一节 教师示范的意义

孔子说："其身正，不令而行；其身不正，虽令不从。"现在教师们则常说："喊破嗓子不如做出样子。""身教重于言教。""榜样的力量是无穷的。"这些不同的说法，究其实质，都强调了示范的作用。可见示范是一种直观的、现实的、可供仿效的形象教育，也是一种无声的，可以起到"此时无声胜有声"的潜移默化的教育。

书法是一门实践性很强的学科，尤其是基础的技法教学，必须借助一定的示范，才能使学生更直观地明白漂亮的字是怎么写出来的，然后通过自己的实践来感受认知书法的美。而事实表明，在这个转化过程中，学生表现出来的更多的是眼高手低，观察的审美能力高于书写的审美能力。因此在教学时，如何帮助学生切实有效地提高书写能力，则成为教学时的重点，亦是难点。把握重点，攻破难点，方法很多，示范则是其中的重要一法。

在书法教学中，教师的准确示范是必不可少的，也是非常有意义的。

良好的教师示范，能树立教师在学生心目中的威信。作为学生的一面镜子，教师要善于利用自己的身份和角色来影响学生，使学生仰慕你那扎实的专业知识和过硬的基本功，从而使学生喜欢你的书法课。当教师把学生遇到的有难度的问题，经过示范和演绎，用自己广博的知识、扎实的专业技能展示出来时，这种对问题处理的表率示范行为，会让学生钦佩，更加"亲其师，信其道"。

良好的教师示范，能激发学生学习书法的兴趣。举个简单的细节：学生在基础教育阶段，都有很强的向师性。教师如果善于贴近学生，示范讲解完后乐于把自己的范作作为奖品奖励给学生，这对学生来说是莫大的荣幸和诱惑，有利于调动学生学习书法的兴趣和积极性。

良好的教师示范，是多媒体等其他示范所无法取代的。书法教学是培养学生审美情趣的手段，教师的示范更是不能用其他教学手段和形式替代的。过多地依附于多媒体、字帖等，书法教师的才能和示范作用就会受到制约，因此，良好而准确的示范是其他任何教学手段都无法替代的。

良好的教师示范，能提高课堂的教学效果。在课堂教学中，教师示范的目的，就是帮助学生加深对书法技巧的理解与把握，提高学生的结体能力和线条的表现力。因此要求学生会写的字或作品，教师首先要胸有成竹、充满自信地示范，因为这时候的影响是最直接、最深刻的，尤其是对解决教学难点最有帮助，最有针对性。教师在现场示范时，学生会对教师的行为进行观察、领会，以便得到更直观的体验，这样可以提高课堂教学的效果。

第二节 教师示范的形式

教师示范分为两种，一种是动态的现场书写示范，另一种是静态的成品展示示范。

动态示范适合书写技巧的传授与展示，如利用黑板书写示范来说明运笔轻重的变化，在投影仪上书写可清晰地展示运笔顺序和速度的快慢，对于个别书写错误的纠正可在学生的作业本上直接范写说明等。

静态示范适合于欣赏、比较教学时使用，如双姿的示范、教师的范字或范作的欣赏、正确与错误对比等。

教师示范的途径比较多，书法课堂教师常用的是借助黑板、投影仪、身体、范作等来演绎、示范。任何一种示范途径都有其利弊，比如：黑板书写示范虽然可以通过彩色粉笔和颜色的深浅变化加强冲击力，但容易因视线的遮挡而失去示范的效力；个别辅导示范书写，一对一，效果很好，但不能顾全大局，不适合普及性教学，时间消耗大；投影仪示范，清晰易见，可能是目前使用频率较高的示范途径，但如果从头到尾都使用投影仪，低学段的学生也会产生视觉疲劳，产生厌倦、没有新鲜感，等等。所以，教师在教学时要根据不同的教学内容、教学环节和学生的实际情况，采取合理有效的示范，尽可能提高书法教学效能。

第三节 教师示范最优化

教师示范是书法教学的先导，教师要善于适时选择最合理的示范形式和途径来辅助教学，使示范最优化，真正提高书法教学效能，应该避免示范简单化、教条化，更不能为了示范而示范。

一、根据不同的教学内容选择最合适最有效的示范形式和途径

书法基础教学的内容大致可以分为五个方面，即双姿（坐姿与握笔）教学、笔顺教学、结构教学（位置、大小、均衡等）、笔锋教学（线条快慢与轻重的表达、笔势的连贯与呼应等）和章法教学，这既是教学的内容也是书法教学循序渐进的安排。其中双姿教学和章法教学更多的是采取静态示范，笔顺教学更多的是采取动态示范，结构教学和笔锋教学则根据需要可以动静结合示范。

启蒙阶段的双姿教学，除了在教室里张贴有关双姿的图片外，最好的方法就是教师身体力行，前者更多的是起到警示作用，后者则更具示范榜样意义。教师可端坐于投影仪前，借助投影放大讲解，尤其是握笔的姿势，由于手指相对较小，普通示范对于远距离的学生或周边的学生来说不一定能顾及，即使在教室移动示范，效果也没有投影放大讲解示范来得清晰明了。

汉字的笔顺是有标准的，不是想先写什么就先写什么笔画。笔顺的正确与否将会直接影响间架结构的美观度，使学生明确掌握每个字的笔顺，对于启蒙阶段、低学段的学生来说是至关重要的。教学时，选择动态示范是无疑的。教师可以采用多媒体课件显示笔画的先后顺序，但可能会显得有些机械僵化；也可以在黑板上书写示范，但学生的视线易被教师的身体遮挡；所以借助投影仪示范书写是最理想最有效的，因为清晰度高，视觉冲击力大，不仅可以表明笔顺，甚至可以顺带展示出笔画间的连贯性，这对学生来说也是一种潜移默化的熏陶，是多媒体课件所不能及的。类似运笔等细节的技法传授，如线条表达时速度的快慢等，如果借助投影仪，通过放大书写示范，则更能给学生直观的视觉体验。

结构教学时，可以借助黑板，通过粉笔的色差，强化显现结构特征。如在教学主笔伸展的结构特征时，例字"贵"，在用白色粉笔写好后，再用红色粉笔在主笔长横上描红，起到强化作用。此外，黑板的颜色与粉笔的颜色本身就是一组很强烈的对比，视觉效果比较好，字的大小、高低的位置等，通过黑板展示显而易见。

笔锋教学实效的显现相对于笔顺、结构来说更具滞后性，教学难度也大。比如线条轻重粗细的表达，说起来很简单：重的、粗的、颜色深的行笔速度慢；轻的、细的、颜色浅的行笔速度快。形成口诀后学生很容易熟记，但学生实践起来是达不到预期效果的。这与练习时间的多少和功底的深厚程度直接关联，教师除了让学生仔细观察黑板上范字线条的颜色深浅外（粉笔的粉质特性，使书写后会产生颜色的深浅之变），如果通过"触觉感知法"让学生感悟轻重变化，即用手指在学生的手臂上或背部书写，让学生感受轻重是如何渐渐变化的，效果就会更好些。

章法教学时，教师可以把事先写好的范本或作品放在投影仪上展示，篇幅较大的可直接悬挂于教室。基础教学阶段，教师最好不要总是选用古籍经典作为范作，可以选用自己创作的作品给学生示范欣赏，如此效果更佳。因为这样既能让学生产生钦佩感，又不会让学生觉得要达到这样的水平是遥不可及的事，对学生会有更大的激励作用。此外，范作的应用还可以使教师只用几分钟或几十分钟的时间就把一些要用很长时间也说不清的问题解决了，从而腾出更多的时间给学生练习。

教师示范的形式与途径的运用并不一定是单一的，有时为了强化某一知识点或传授某一技艺，教师可综合运用。比如前面提到的笔锋教学，动静结合，这样既吸引学生的眼球，又达到强化的目的。

二、以学生为本，把握好示范的时机

很多新教师在教学时普遍会陷入一种教学误区，就是生怕学生写不好，会出这个错，或者那个错，所以往往还没把正确的示范讲解到位，还没开始让学生尝试练习，就急匆匆地先列举出很多的错例，希望引起学生的注意，防患于未然。殊不知，这样的提示是事倍功半的。因为学生在一节课上不可能一直集中注意力听老师的讲解，开始的几分钟是他们注意力最集中的时段，对教学来说弥足珍贵，学生在还没有学习正确知识之前，却看到一堆典型的错例，有些错误可能一时还并不会犯，但给他们留下了深刻的印象，等到开始学新知识的时候，注意力已经有了分散，有的甚至开了小差。学生一旦形成错误的观念和结论，后期纠正起来是非常困难的。

学生本身是课程资源，学生书写优劣的表现也是我们的教学资源，好的作为示范，不足的成为纠错的典型，以便引起学生的注意，并及时改正，这才是真正地体现"以生为本"的教学理念。因此，依据首因效应的原理和学生注意力的特点，新授教学环节一定要在第一时间强化展示正确的示范，而在辅导纠错环节，教师可先推出学生的错例，接着再展示正确的示范，让学生通过观察比较明白错在何处，这样的教学更有针对性，效果会更好。

三、培养学生的观察比较能力是教师示范作用有效发挥的前提和保障

对于低学段的学生来说，由于受到观察力的限制，他们看了示范后并不一定能临摹到位，所以要时刻有意识地培养学生的观察比较能力，只有学会了观察，学会了比较，教师示范的作用才能得以高效显现。

书法教学中观察比较的内容主要包括：借助"十字八点格"能找准笔画的位置、能明确笔顺、能找到主笔、能区分具体笔画、能把握字形，等等。教师在引导学生写字前要先看字的笔画，思考、分析字的间架结构，哪个笔画应写在哪里，占多少位置，注意平衡、等距、长短、垂直的合理性，然后再写，让学生养成"一看二想三写"的习惯。

比如对间架结构的观察，在教学单字"皮"的写法时，学生在看了教师的范写后，还没等老师分析讲解要领，有的学生就会匆匆提笔开写，结果写出来的"皮"字就五花八门，这时将学生的字与老师的范字进行对比，并逐一帮助他们找到问题，指出症结所在，再次练习时就会大有长进。

又如运笔方法中，在"竖"画的教学时，可先投影出示静态的长竖与短竖的图片，让学生观察比较它们的运笔差异，然后教师加以正确示范，再请学生临摹，效果就很好。所以培养学生爱观察、会观察，养成良好细致的观察习惯，才能确保教师的示范更有效。

第四章 书法教学评价

第一节 教学评价的作用与意义

一、教学评价的定义

教学评价是以教学目标为依据，按照科学的标准，运用一切有效的技术手段，对教学过程及结果进行测量，并给予价值判断的过程。

书法教学评价，就是依据书法教学目标，运用一切有效的方法和手段，对教师教和学生学的过程及结果进行测量，并给予规范书写程度判断的过程。

书法教学评价主要解决如下问题：

1. 评价什么

突出书法课程评价的传承性和实用性，可依据预设的教学目标来评价教学效果，以全面考查学生的书法素养。

2. 谁来评价

在书法教学中采取教师评价、学生自我评价和学生间相互评价相结合的方式。另外，还可以让学生家长积极参与评价活动。

3. 怎样评价

结合多种有效的评价方法，将来还会借助智能手段，对书法教学的各个环节进行评价。尤其注重发展性、激励性评价，注重质性评价与量化评价相结合。

二、教学评价的作用

教学评价的根本在于促进学生成长。具体而言，对教师的教和学生的学都有相当重要的作用。

（一）诊断作用

诊断作用主要是对学生学习效果的诊断，从而去判断学生学习效果不好的客观原因和主观原因，就像身体检查一样，找出病变，解决矛盾。对于书法教学来说，主要是通过评价发现学生在书写中存在的问题，找出解决的方法。

（二）鉴别作用

教学评价的鉴别作用一方面是学校对教师能力的鉴别，根据教师的已有知识经验和水平来决定教师是否有资格晋升或者接受培训，另一方面就是对学生的学习水平、学习效果的鉴别，从而根据学生的学习情况进行有针对性的教学。

（三）导向作用（调控作用）

教学评价不仅指导着教师的教还指导着学生的学，对教师的指导主要是指是否偏离教学轨道、教学目标以及教学重难点；对学生的评价主要是对学习效果的评价。

（四）激励作用

科学的、合理的教学评价可以调动教师教学工作的积极性，激起学生学习的内部动因，使教师和学生都把注意力集中在教学任务的某些重要部分。对教师来说，适时的、客观的教学评价，可以使教师明确教学工作中需努力的方面；对学生而言，适当的评价可以提高学生的积极性和学习效果。所以教师在日常书法教学中要注重发展性、激励性评价的运用，及时发现学生身上的闪光点和进步点，适时对学生进行表扬、鼓励，在增进师生关系的同时又促进学生进步。

（五）育人作用

书法教学评价的育人作用在于不仅能让学生在书法知识上获得提升，而且在其他层面，如书写技能、书法欣赏等德育和美育方面都能够得到发展，实现育人作用。

三、书法教学评价的目的

《中小学书法教育指导纲要》中将书法教育评价的目的确定为：中小学书法教育评价要发挥评价的发展性功能，旨在激励学生学习书法的兴趣，养成良好的书写习惯，提高书写水平和审美情趣。

四、新的教学评价理念与书法教学

自新课改以来，教学评价出现了许多新的评价理念：

（一）**在评价功能上，要由侧重甄别和选拔转向侧重发展**。在书法教学评价中，尤其侧重发展，书法教学既是对传统书法的继承，又对学生的发展有重要影响，良好的书写习惯能够让学生受益终身。

（二）**在评价对象上，要从过分关注对结果的评价逐步转向关注对过程的评价**。在书法教学评价中，多关注学生在书写过程中的进步点及时表扬鼓励，促进学生进步，培养学生的书法兴趣。

（三）**在评价主体上，要强调评价主体多元化和评价信息多元化，重视自评、互评的作用**。在书法教学评价中，教师做好组织、引领的同时，多鼓励学生参与到书写评价中，鼓励学生大胆评价自己的书写；同时积极参与互评，共同进步。自评、互评的评价方式不仅印象深刻，还能够集思广益、取长补短，更有利于全体学生进步。

（四）在评价结果上，不仅要关注评价结果的准确、公正，更要强调对评价结果的反馈以及被评价者对评价结果的认同和对原有状态的改进。书法教学评价不是告诉学生自己写得对与错，而是通过评价，帮助学生在原有的写字技能上更加进步。所以在书法教学评价中要明确好，好在哪里；有不足，怎么改进。以便帮助学生获得更大进步。

（五）在评价方法上，要强调评价方式多样化，尤其注重把质性评价与量化评价结合起来，以质性评价整合量化评价。在书法教学评价中既要注重书写的量，更要注重书写的质。

（六）在评价者与评价对象的关系上，要强调平等、理解、互动，体现"以人为本"的主体性评价的价值取向。所谓"闻道有先后，术业有专攻"，书法教师一定要有正确的教育理念，书法教学的主体是学生，教师是引导者和促进者。在书法教学评价中要明确关系，相互理解，相互尊重，相互欣赏。

五、教学评价的意义

教学评价对教师、学生和教学质量都具有重要意义：

（一）促进学生发展

书法教学从结合学生已有知识和经验出发，学练合一，动手、动脑合一，学生逐步掌握书写技巧，促进学生书法知识技能的发展。而且书法教学评价不仅关注教学效果，还关注教学过程；不仅关注教师的教学行为，更关注学生的学习过程和情感体验。总之，在书法教学评价过程中通过教师鼓励、教师指导、学生自评、小组互评等多种形式来促进学生发展。

（二）提高教师专业素质

新课程理念下《课堂教学评价标准》将课堂评价改革目的明确定为：评价不在于过分强调甄别与选拔功能，而是发挥评价促进学生的发展，教师提高和改进教学实践的功能。其还对教师明确提出"建立促进教师不断提高的评价体系"，着重探讨应该用什么样的标准评价课堂教学问题，如何引导与帮助教师提高专业素质。可见，课堂上教师所扮演的角色不仅是以往评价的主要对象，更应是学生教学活动的组织者、引导者、合作者。发挥好教师课堂教学评价的导向功能对教师的专业素质起到积极推动的作用。

（三）检验教学的重要方法手段

书法教学活动的质量如何，有没有达成教学目标，能不能启发学生智力，能不能提高他们的兴趣，教学方法是否合适，教学评价都起到了检验作用。

第二节 第二学段教学评价的重点

根据《中小学书法教育指导纲要》中的"目标与内容"和"实施建议要求"，以及《义务教育语文课程标准（2022年版）》"课程目标与内容"和"实施建议"两部分中关于识字写字的相关要求，第二学段的书法教学评价重点如下：

1.能正确掌握基本笔画、结构。

2.能用钢笔熟练地书写正楷字，掌握正确的运笔方法。做到平正、匀称，力求美观，有一定的书写速度。

3.掌握毛笔的执笔要领和正确的书写姿势，初步掌握起笔、行笔、收笔的基本方法。能用毛笔临摹楷书字帖，掌握临摹的基本方法。

4.关注认真的书写态度和良好书写习惯的养成。

第三节 学生书法学习评价方法

一、学生书法学习评价注意事项

（一）注重进行个体内差异评价

个体内差异评价法是以被评价对象自身某一时期的发展水平为标准，判断其发展状况的评价方法。简单地说就是自己跟自己比，是将被评价者自己的过去和现在进行比较。学生是有个体差异的人，在成长过程中每个人擅长的领域不同，在各学科的学习中就会存在差异，书法学习也不例外，所以我们要多注重对学生进行个体内差异评价，以更好地促进其发展。

（二）做好三种评价：诊断性评价、形成性评价、总结性评价

要做好三种评价，一定要明确三者的含义。诊断性评价是在学期、学年、课程或一个单元教学开始时，为了了解学生的学习准备状况及影响学习的因素而进行的评价。比如新课伊始教师先让学生自己书写某个字或者某个偏旁部首，了解学生的基本情况，以更合理地规划本节课的学习。

形成性评价是教学过程中为改进和完善教学活动而进行的对学生学习过程及结果的评价。比如在书法上课过程中，教师请学生板演或者请学生分享某个字的书写心得，等等，通过学生反馈，知道学生的掌握程度。

总结性评价是在一个大的学习阶段、一个学期或一门课程结束时对学生学习结果的评价。比如在一学期的书法学习结束后，对整个学习结果做的总结评价。

注意：三种评价要贯穿于书法教学的始终，灵活、适时运用，以便及时、有效帮助学生进步。

（三）注意评价主体多元化，坚持自评、他评、互评相结合

三者结合更有利学生准确、客观、全面地了解自己的书写，更有利于学生进步。在书法教学过程中适时、灵活运用自评、互评、他评，事半功倍。

（四）注重定量评价与定性评价相结合

定量评价是采用数学的方法，搜集和处理数据资料，对评价对象做出定量结果的价值判断。简单地说就是评分，在书法教学中可适量运用定量评价，建议更多地采用定性评价。

定性评价是根据评价者对评价对象平时的表现、现实状态或文献资料的观察和分析，直接对评价对象做出定性结论的价值判断。强调通过观察、分析、归纳与描述的方式对学生进行评价，这种评价有利于学生明确存在问题，更有利于学生的书写进步。比如从书法教学目标来看，书法教学目标中要求"书写美观""临摹能力有所提高"等目标要求，不像数学那样可量化，不是简单的对与错评价，而是更适合用定性评价的方式，通过描述分析给予学生指导、反馈。

二、学生书法学习评价的方法

（一）圈点、批注法

圈点、批注法就是在书法教学中运用圈、点、批注等方式标注出学生存在的问题，或者标注出学生书写美观的字，以引起学生注意。如果是圈点出学生存在的问题，一定要给学生在旁边做好示范或者及时讲解，做到有问题及时解决。在书法教学各个阶段，本方法都适用。

（二）观察法

观察法是指观察者根据一定的教学目标、评价标准，用自己的感官和辅助工具去直接观察被观察对象，从而获得评价资料的一种评价方法。在书法教学中，教师可以随时或者适时根据教学需要对学生的书写姿势，起笔、行笔、收笔，书写速度、书写力度、书写态度等进行评价、指导。但应注意在观察时应做到认真、客观、公正。教学过程中的有效观察可以及时发现学生在书法学习中存在的问题，及时帮助学生改进。同时教师通过直接的观察，可以有效掌握学生一段时间的书法学习态度和书写进步情况，及时总结反馈，为评价学生、促进下一阶段的学习提供参考。

（三）作品分析法

作品分析法又叫产品分析法，是对学生的各种作品，如笔记、作业、日记、文章等进行分析研究，了解情况，发现问题，把握特点和规律的方法。在书法教学中，作品分析法，可以是在课堂教学中对学生练习的评价，也可以是对学生书法作业的评价。作品分析法可以与下面提到的成长记录袋评价结合起来，帮助学生直观地看到自己在一段时间内的进步，培养学生的书写习惯和书法兴趣。

（四）成长记录袋（档案袋评价）

成长记录袋（档案袋评价）是根据教育教学目标，有意识地将各科有关学生表现的作品及其他证据收集起来，通过合理的分析与解析，反映学生在学习与发展过程中的优势与不足，反映学生在达到目标的过程中付出的努力与进步，并通过学生的反思与改进，激励学生取得更高的成就。在书法教学中成长记录袋评价法要求在各个阶段及时收集、积累学生书法学习中能够反映其进步或者存在的问题的作品，适时作出分析、解析，帮助学生发现自己的优势和不足，找到下一步书法学习的方向。成长档案袋，不仅可以作为对学生一段时间书法学习的总结性评价，也可以是某一阶段书法学习开始时的诊断性评价。这种方法对于全面了解学生、找到学生书法学习的生长点具有很大帮助。教师可结合自身书法教学，灵活运用。

（五）反思总结

一段时间的书法学习后，可以鼓励学生通过总结、反思的方式展开自我评价和相互评价。但是这种方法教师要多加引导，帮助学生客观、科学地认识自己在书法学习中的进步和不足，总结经验，改进不足。

第五章 书法实践活动

实践活动是在教师引导下，学生自主进行的综合性学习活动，是基于学生的经验、密切联系学生自身生活和社会实际，体现对知识综合应用的实践性课程，包括研究性学习、社会实践、劳动与技术教育等领域，并渗透信息技术教育。

书法课堂是培养学生审美能力、陶冶情操的主阵地，学生练好毛笔字，既有利于加深对语文基础知识的理解，也能调动学习的积极性，培养良好的意志品质。因此在书法教育教学中，教师要引导学生在生活中学书法、用书法，积极开展书法教育实践活动，通过社团活动、兴趣小组、专题讲座、比赛展览、艺术节、文化节等多种形式，创设书法学习环境和氛围。充分利用少年宫、美术馆、博物馆、名胜古迹等资源，拓展书法学习空间。有条件的地区，学校还可开展校际、地区以及国际书法教育交流活动。鼓励学生在学习、生活中运用书法学习成果，发展实践能力。

第一节 书法社团活动

书法社团活动可以培养学生对书法的兴趣爱好，增长知识，提高书写技能，丰富学生的课余文化生活。将书法社团活动渗透在教学当中，不仅能培养学生良好的道德情操，提高他们自身的道德素养和知识水平，还能为今后培养艺术人才起到积极的推动作用。

××小学书法小状元社团活动预案

一、指导思想

为弘扬中国传统文化，培养学生良好的书写习惯，营造浓厚的书法学习氛围，特组建我校书法社团，利用课余时间丰富校园书法文化生活，增强全校师生书法学习热情。

二、工作目标

1.在书法学习中，使学生养成良好规范的书写姿势和握笔姿势。

2.掌握基本笔画：横，竖，撇，捺，折，点，提，钩的写法。指导学生写出一手规范、美观的字，对其学习以及将来的工作、社会交际起到深远的影响。

3.通过书法练习，培养学生认真负责、专心致志、持之以恒的品质。

4.让学生直接接触书法，激发学生学习书法的兴趣与热情。渗透汉字美学。学习简单的章法并尝试创作。

三、社团愿景

1.为有书法爱好的学生提供良好的学习环境；

2.为社团成员提供学习交流的时间和平台；

3.提升学校的浓厚书法文化气息；

4.磨炼学生意志，修炼学生心智，锻炼学生素质。

四、教学措施

1.精选学习内容

首先，阐明学习书法道理、增强学习勇气。在教学中要使学生明白，书法不是高不可攀的。其次，营造学书气氛。

2.教给正确方法

在书法教学中，首先要教给学生正确的握笔、运笔姿势，握笔轻重的调控，书写坐姿、站姿等要领；其次是教给学生正确的读帖方法和临帖方法，如看笔迹，悟其运笔过程，看结体悟其组合规律；临帖时"字数宜少、遍数宜多"等；最后是要求学生注意写字卫生。如桌凳、光线、写字姿势等，通过严格的学习训练，不但可以养成良好的写字习惯，还可以培养气质。

3.加强书法训练

在汉字书写时，落笔的轻重、结构的疏密、运行的缓急、气势的强弱等均有章法可循，训练学生遵守汉字书写规律，便是"有纪律"。书写内容为课内外文章、诗词、对联或名言、警句之类。一词一语、一章一节，流泻笔端，铭刻心间，便是"有文化"。要求学生书写时学谁像谁，越像越好，这也是培养学生虚心、诚恳、一丝不苟的品德。

五、社团成员及活动要求

1.每周社团活动时间，准时到达书法社团教室，如发现缺席情况及时向班主任反映；

2.书法社团成员严格遵守纪律，保持安静，不做与书法学习无关的事情；

3.保持书法教室的干净整洁，爱护书法教室的设施和用品；

4.每次老师布置的任务，学生都应按时完成。

六、社团活动内容

1.鼓励学生积极参加校内外书法展、书法竞赛、艺术节等书法项目，提升学生学习热情；

2.以锻炼学生的书写习惯为主，教给学生正确的坐姿、握笔姿势、行笔技巧；

3.社团活动以学生为主体，少讲多练，多实践；

4.以月为单位，每月完成一幅完整的书法作品。

七、成果展示评比与奖励办法

书法社团的展览可分为作业展览和作品展览两大部分。作业展览是根据教学计划和步骤，选择完成较好的作业进行展览；作品展览是在教学工作进行到一半，学生掌握了一定基础之后，规定内容，完成作品，在学期中及学期末举办作品展示活动。展览形式是在教室墙上悬挂或张贴展出或以展板的形式举办全校展览。

学期共安排两次书法竞赛，每次比赛均为分段评比，分为高年级组与低年级组。奖项设立：一等奖1名，二等奖2名，三等奖3名。

八、具体课程安排（略）

第二节 书法专题讲座

书法专题讲座即邀请国家、省、市书协会员，当地知名书法家到校讲座，提升学生书法艺术水平，提高学生鉴赏、临习、取法及运用等综合能力，通过和书法家互动，激发学生学习兴趣。

开展书法专题讲座的同时要结合丰富的社团活动，如书法创作、评比、展示等活动，营造学校书法氛围、提升书法水平，创办书法教育特色学校。

讲座的主题可涉及书法知识、作品赏析、艺术创作等诸方面。

书法专题讲座预案

为弘扬中华传统文化，提升学校书法教育氛围，提高学生审美素质，挖掘学生潜能，培养学生认识美、发现美、创造美的能力，鼓励学生将有限的课余时间投入到更加积极有益的兴趣爱好中来，特举办本次书法专题讲座。

主　　办 书法教研室

讲座事项

1.时　　间：20××年×月×日下午

2.地　　点：书法第×教室

3.参加者：三、四年级书法爱好者及特长生，各班组织学生在自己教室收听收看讲座视频

4.主讲人：中国书法家协会会员，省书法家协会理事，市书法家协会主席 ×××

5.内　　容：（略）

活动流程

1.主管校长负责市书法家协会主席×××先生邀请及接待工作；

2.书法教研室组织学生提前15分钟入座，维持秩序；

3.书法教研室负责准备讲座可能用品，如投影仪、文房四宝等；

4.主管校长对讲座进行简单介绍，介绍讲座嘉宾×××先生；

5.讲座总结。

第三节 校园书法比赛

定期举办校内书法比赛，组织优秀参赛作品展览展示，可以营造学校书法学习氛围，提高学生书法学习兴趣，增强学校特色教育竞争力。

××小学硬笔书法比赛预案

一、比赛目的

为传承和发扬中国传统书法文化，引起学生对规范汉字书写的重视，提升学生汉字书写能力，让学生从小就练就一手好字，特举办本次比赛。

二、比赛要求

1.参赛对象：一至六年级全体学生

2.要求字体：正楷体

3.参赛要求：

①一至三年级学生用铅笔书写，四至六年级学生用钢笔或硬笔（黑色或者蓝黑色）书写；

②学校命题书写，发放试卷，参赛者主要带书写工具和垫纸即可；

③参赛者必须用学校统一制定的书写纸书写；

④按要求填写自己的姓名、性别、年级、班级；

⑤参赛作品卷面须整洁，无褶皱。

三、比赛方式

1.海选：全员参加

各班自行安排时间统一书写，选取5名优秀同学参加学校统一组织的决赛。

2.决赛：各班代表参加

时间：20××年×月×日 课外活动时间

地点：多媒体教室

四、评比要求

1.参赛作品必须按要求字体书写，不出现错字、涂改、漏字及其他字体。

2.按年级评选出优秀作品若干，颁发奖状及奖品以资鼓励，获奖作品在各班进行一个月轮流展览。

五、奖项设置

按年级评选书法小状元：一等奖 1 名，二等奖 3 名，三等奖 6 名。

第四节 书法研学活动

研学，即研究性学习，国际上统称探究式学习。研学旅行即研究性学习和旅行体验相结合的校外教育活动，继承和发展了我国传统游学"读万卷书，行万里路"的教育理念和人文精神，结合国际上"研究性学习"的理念、方法、模式，是素质教育的新内容和新方式。

书法研学是由学校（或年级）统一组织，基于学生书法学习兴趣，根据学习内容，从历史、人文、科技、体验等类别选择和确定研学主题，在动手做、做中学的过程中，主动获取书法知识、应用书法知识、解决问题的集体学习活动。

书法研学预案

一、活动目的

为了拓展学生学习书法的空间，丰富学习经历和生活体验，让学生能在研学的过程中陶冶情操、增长见识、提高学习兴趣，全面提升综合素养，结合我校实际情况决定，组织我校书法研学活动。

二、活动主题：秋意浓 学习正当时

三、活动时间：20××年×月×日

四、活动地点及内容：邯郸碑林

1.通过邯郸碑林这个窗口，了解中国书法悠久的历史及发展史；

2.游览文化遗存，品碑林之魂；

3.了解碑帖学知识；

4.体验书法，执笔临摹碑帖。

五、参与对象：三年级全体学生

六、活动实施：负责人组织集中开会，告知活动安排及安全注意事项。

1.早上组织大巴车在学校门口等候，清点人数后统一出发；

2.上午研学路线安排：邯郸碑林；

3. 午餐安排：活动地饭店；

4. 下午研学路线安排：××书法文化馆；

5. 安全回校。

七、活动总结

写好研学成果报告，并挑选优秀临摹作品进行展示。

八、应急预案

预防在先，及时汇报，及时联系，妥善处理。

第五节 校园书法艺术节

校园艺术节是艺术教育工作者及艺术特长生、广大师生艺术爱好者之间学术交流与学习的重要舞台，是提高广大师生的艺术欣赏水平、丰富师生精神文化需要的主要举措。文化艺术的形式丰富多样，如语言艺术（诗词、散文、小说、戏剧文学）、表演艺术（音乐、舞蹈、戏剧表演）、造型艺术（绘画、雕塑、书法）和综合艺术（戏剧、戏曲、电影）等。

校园艺术节中能涌现出各方面的人才，培养同学们的自信，锻炼学生能力，带动学生对各方面知识学习的兴趣、增强学生的集体观念。

校园艺术节书法方面的内容可以包括：名家讲座、三笔字比赛、书法作品创作、书法体验、书法论坛等内容。

××学校校园艺术节书法组织预案

一、活动目的

为进一步丰富校园文化生活，努力营造积极向上、清新高雅、健康文明的校园文化氛围，打造和谐校园，展现我校学生的青春风采和精神风貌，激发广大学生热爱艺术、勤奋学习、努力成才的热情与动力，发掘个性特长，推进校园精神文明建设，特举办校园艺术节。

书法类艺术活动旨在增加学生对书法艺术的追求，丰富学生的校园生活，营造浓厚的节日氛围，增强学生的荣誉感。

二、活动时间： 20××年×月×日

三、活动内容

1. 开放书法社团教室，将教室内的书写工具、书写资料、书写作品展出供学生参观、

欣赏、体验使用，由书法社团成员进行演示、讲解。

2.制作书写长卷，组织百名学生在长卷上书写自己的姓名，创作百人书写长卷作品。

3."×××××××"主题书法创作现场大赛。

比赛时间：20××年×月×日

比赛地点：书法第2教室

负责人：×××　×××　×××

评委：×××　×××　×××　×××　×××

参赛要求：每班至少推荐2名同学参加。

4.全校书法展

参展时间：20××年×月×日

负责科室：书法教研室

参展要求：所有学生每人至少创作一幅硬笔作品，三年级及以上年级每位学生至少创作一幅软笔作品，由班主任组织学生从本班中遴选出5幅硬笔作品、5幅软笔作品参加全校展出。

5.邀请名师、名家现场书写祝福语赠予参加活动的学生。

四、活动要求

1.人人参与，班级为主。

2.充分发挥学生特长，提倡以个人的才能为校园文化艺术节增添光彩。

3.各班级要积极支持和推荐学生参加书法活动，服从学校的整体安排。

4.正确处理学习与开展活动的关系，保障正常的教学秩序。

五、奖项设置

1.硬笔分低年级组、中年级组和高年级组，每年级组一等奖5名，二等奖10名，三等奖30名。

2.毛笔不分组，一等奖5名，二等奖10名，三等奖30名。

第六章 书法教育信息化

第一节 书法教育信息化的意义

2015 年 9 月举行的联合国发展峰会上，国际社会对 21 世纪教育的发展形成共识，世界各国首脑共同见证和通过了具有划时代意义的《2030 年可持续发展议程》，提出"确保包容、公平的优质教育，促进全民享有终身学习机会"的教育目标。在此基础上，联合国教科文组织于同年 11 月又通过《教育 2030 行动框架》，为实现教育现代化 2030 目标做出具体规划，勾勒出全球教育的未来蓝图。

"2030 教育，应该是更加开放的教育，突破时空界限和教育群体的限制，人人、时时、处处可学；应该是更加适合的教育，更加重视学生的个性化和多样性，实现因材施教、有教无类；应该是更加人本的教育，更加关注学生的心灵和幸福；应该是更加平等的教育，让所有孩子都能享受到优质教育资源；应该是更加可持续的教育，强调学习能力的养成和终身教育的需求。"

"要实现这样的教育，我们必须深刻认识当代科学技术特别是信息技术对教育的革命性影响，必须加大力度推进信息技术与教育的深度融合，必须对传统的工业社会框架下构建起来的教育体制进行深刻变革，才能应对信息化社会的人才培养要求，这是实现教育现代化 2030 发展目标的必由之路。"（杜占元：《发展教育信息化 推动教育现代化 2030》，《中国教育报》2017 年 3 月 25 日）

自进入新世纪以来，我国对信息技术的认识进一步深化，《国家中长期教育改革和发展规划纲要（2010—2020 年）》强调，"信息技术对教育发展具有革命性影响，必须予以高度重视"，并为此专门制定《教育信息化十年发展规划（2011—2020 年）》和《教育信息化"十三五"规划》，明确教育信息化的行动纲领和路线图，提出坚持促进信息技术与教育教学深度融合的核心理念和应用驱动与机制创新的根本方针。

2018 年 4 月，教育部印发《教育信息化 2.0 行动计划》指出，教育信息化 2.0 行动计划是推进"互联网+教育"的具体实施计划，到 2022 年基本实现"三全两高一大"的发展目标，即教学应用覆盖全体教师、学习应用覆盖全体适龄学生、数字校园建设覆盖全体学校，信息化应用水平和师生信息素养普遍提高，建成"互联网+教育"大平台。

教育部 2013 年 1 月印发的《中小学书法教育指导纲要》，鼓励学校、教师、学生通过互联网获取丰富的书法教育资源，加强交流，构建开放的网络书法教学平台，充分利用现代信息技术进行生动活泼的书法教学。

最近几年，书法作为中国传统文化中具有最经典标志的民族符号，与信息技术高度融合，促进了传统书法教育模式的转型。书法教育信息化突飞猛进，具有突破时空限制、快速复制传播、呈现手段丰富的独特优势，成为促进书法教育公平、提高书法教育质量的有效手段，成为构建泛在学习环境、实现全民终身学习的有力支撑，对书法教育产生了革命性的影响。

一、疏解书法师资的困境

优质教育不均衡发展是长期以来制约我国教育改革和发展的一大问题，书法教育信息化通过依托信息技术打破时空限制这一优势，来促进优质资源的共享和均衡发展，有力地疏解了书法师资数量和质量欠缺的困境。

二、提高书法教育的效能

书法教育信息化可以避免传统书法教育形式单一、教学过程缺乏直观性等方面的弊端。例如，在书法欣赏课的教学中科学运用现代信息技术，不但可以快速选取书法作品让学生欣赏，而且可以根据书法教师的要求设置书法影像中的细节反复播放，从而让学生感悟书法的结构之美与笔法之美，提高书法课堂教学的效能。

三、提高学生学习的兴趣

兴趣是最好的老师。书法教育信息化可以惟妙惟肖地演示书法练习方法，使课堂气氛不再沉闷或枯燥无味。书法教育信息化将书法知识与书法艺术鉴赏科学相融合，师生置身于浓厚的传统文化氛围，加上教师有的放矢的点评与讲解，更彰显了书法课所蕴含的艺术审美价值，不但可以激发学生的艺术想象力，而且可以提高学习书法的动力。

第二节 书法教学的信息技术

现代信息技术与手段的优点十分明显，是传统的书法教学方式无法替代的。信息技术教学手段直观性强，图文声像并茂，广受师生欢迎。

一、投影

投影教学是利用投影器等设备，通过音像、视听传输信息的电化教学。

投影教学设备简单，操作方便，易于掌握，便于普及；制作容易；放大了的图像，可较长时间地停留，便于教师讲解和学生观察；教师能灵活地控制教学信息的传递。此种教学能提高学生的学习兴趣，帮助学生理解教学中的难点、重点，巩固所学的知识，提高学习效率，并有助于培养学生的能力。

投影教学在书法教学中的运用方法和效果：

（一）示范展示

在书法教学中，教师的书写示范是教学的主要环节，在传统的书法教学中，示范展示是一大难题。如把纸放在讲台上平铺着书写，教师虽然容易发挥书写水平，但学生通过平视观察不到书写效果，而围观教师书写，又影响教学秩序，况且在外围的同学不一定都能看清教师的示范；也有一些教师用粉笔在黑板上做书写示范，但由于距离太远，影响学生观察的效果，影响教师的书写情绪，不足以激发学生的学习兴趣。采用投影教学，可用多种方式做书写示范，如用胶片投影仪、视频投影仪、电视录像等媒体。实物投影展台展示教师书写示范，无论是毛笔还是钢笔书写示范，都能够清晰、准确地展示教师的示范书写过程以及其中具体的书写环节，如教师的握笔、运笔、线条表现效果以及字的结构等。

（二）作业点评

传统书法教学的作业点评，是教师将写得好的字圈上红圈，对于写得不好的汉字、笔画就画上红线或打上红叉。此种评价方法评价效率低，不利于大范围师生的互动。

利用投影来点评学生书法作业，当众面批，便于指出其中的共同优点，也便于指出其中的共同错误，有利于强化学习，及时纠偏。

用实物投影仪做作业点评，还有更多的优点：

1.通过对作业局部的多倍放大，使学生能够发现平时不易发现的细节问题，强化对自己学习结果的认识。

2.可以把临摹作业与字帖原本做同步放大对比，这种方式更容易让学生看清作业的优劣得失，加深对字帖的认识，掌握自己的学习状况，调整临摹方法，提高临摹水平。

3.由于投影技术对作业的放大展示，评价受众面成倍扩大，让更多的学生能够及时了解自己学习中存在的共性问题，及时纠偏。

（三）展示碑帖

在传统的书法教学中，教师作图片、字帖展示有不少困难，如果图片、字帖学生人手一份，观察效果能保证，但这一点又很难做到。另外，在讲台上展示的图片、字帖，坐在两侧和后排的同学便很难看清，尤其是字径较小的字，如小楷、钢笔字帖等，学生更无法看清，班级越大，展示效果越差，如教师走下讲台，流动巡回展示，又太浪费教学时间。这时利用幻灯片、电视录像和投影仪、视频投影仪进行展示，就会收到很好的效果。

概括起来说，视频投影仪有下列优点：

1.视频投影仪既可以展示图片、字帖印刷品、复印件、作品实物，也可以展示幻灯片和自制的书法作品照片。

2.视频展示台的摄像头可以进行高低、旋转的微调，便于对书法展示内容作局部的灵活选择和放大。

3.视频投影仪的多倍放大功能，可以将书法图片、字帖中的微观转换为大屏幕上的宏观，使字帖中肉眼难以观察的细微之处如电影特写镜头一样得到有选择的放大，使观察的对象更集中、更突出、更清晰，即使远在后排的同学，也能看得一清二楚，这给学生细致地观察和准确地临摹带来很大方便。

4.视频投影仪的反转显示除了能显示自制的底片之外，还适宜作书法鉴赏展示。在鉴赏教学中，有时要把同一字帖如《兰亭序》的墨迹本、摹刻本、墨迹翻刻本作对比鉴赏，利用反转显示功能，就可以把墨迹本的白底黑字转换为黑底白字与翻刻本进行比较，也可把翻刻本的黑底白字转换为白底黑字同墨迹本进行比较，由于这种比较是在同一层面上的，因此，它使学生更直观地感受到墨迹本比翻刻本在欣赏和临习时有更多的优点。而且反转展示也拓宽了字帖的展示方式，更易激发学生的学习兴趣。

（四）教学互动

传统的书法教学往往忽视师生互动。教师讲，学生听，教师在台上唱独角戏，学生很少有展示自己、锻炼自己的机会，所以不容易调动全体学生的学习积极性。

利用投影进行书法教学，不但给教师的书写示范带来很大方便，还可以让学生通过投影平台"板演"。学生在投影平台上"板演"完毕，当即就可以评判，让全班学生针对"板演"内容，从握笔到运笔再到结构，全方位进行评析，教师及时指导。在这个过程中，既照顾了个体，又面向了全体，使每个学生都能从中得到收获和启迪。

二、课件

课件是根据教学大纲的要求，经过教学目标确定，教学内容和任务分析，教学活动解构及界面设计等环节，而加以制作的文字、声音、图像、视频等素材的集合。

书法课件可以生动、形象地描述各种教学问题，增加课堂教学气氛，提高学生的学习兴趣，拓宽学生的知识视野，它已经广泛应用于书法教学。

心理学研究表明，学习兴趣是学习活动中最现实、最活跃的成分，学生一旦有了学习兴趣，就会产生持久追求的动力。因此，在书法教学中运用生动的课件，例如播放有关动画片，可以培养学生良好的书写习惯，培养浓厚的书写兴趣。

另外，传统的书法教学是教师在讲台上机械重复点、横、钩、提等笔画的写法，时间长了，学生会感到乏味，而且对笔画的行笔方法也未必搞得清楚。利用课件中的动画或动图来演示笔画的行笔过程，同时讲解怎样起笔、怎样收笔、哪里轻顿、哪里出锋，学生一目了然，有利于掌握运笔过程中的轻重、快慢等技巧。

制作书法教学课件注意事项：

（一）多种媒体，合理选择

借助 PPT 设计软件，教师可以利用图、文、声、像、动画、模型等多种媒体表现书法教学内容，把原来晦涩难懂的理论转化为由多种媒体所构成的生动场景。但什么内容用文字，什么时候用动画，是否需要音效和出场效果，都需要根据教学内容，精心选用媒体，设计呈现方式，只有这样，才能赋予媒体丰富的教学内涵，做到形神兼备，锦上添花，达到内容美和形式美的完美结合。

设计制作书法课件要注意避免以下两种倾向：媒体类型单一，单用文本这一种形式，很少采用图形、图像、动画、视频、声音等其他媒体；或者过度包装，在课件运用过多的媒体形式，信息呈现的密度高，相关性不强，妨碍了知识传递的有效性。

（二）以教为主，课件只是辅助教学

课件是教师和学生之间传递思想和信息的媒体工具。一堂课是否精彩，关键是教师，而不是作为信息传播媒介的课件。课件可以辅助教师的教学活动，但不能代替教师的教学活动。因此，在设计课件时要统筹考虑，以教学内容和教师的讲授为主，课件为辅，不能本末倒置。

（三）换位思考，精心设计

课件是给学生看的，是为学生服务的。在设计制作课件的时候，无论是内容的组织，还是模板的选择、字体的大小、色彩的搭配，都要换位思考，从学生的角度出发，看学生能否看得清楚，看得明白。

（四）简洁凝练，要点突出

PPT（PowerPoint）是制作课件的工具，Point 是"要点"的意思，PowerPoint 的含义可以理解为"使要点更有力地展现出来"。因此，课件承载的应该是"要点"信息，而不应该是教学内容的全部。制作课件时整体风格色调需要统一，除黑白外，最多两种颜色；文字不要布满整个屏幕；多张图片放一个页面时不要重叠，突出重点图片；运用特效适当地进行图片效果处理；用鲜艳的颜色对重点内容进行标注。

（五）层次清晰，逻辑严密

书法教学是一个由浅入深、前后衔接、循序渐进的过程。使用课件的最大优点在于可以将某些难懂、不易接受的内容以简明、清晰、更有条理的形式呈现给学生。书法课件要有美感，屏幕版式排列整齐，知识结构清晰，推理过程严密，逻辑层次得当；不仅要利用文字阐明各知识点及重点、难点教学内容的具体含义，还要利用幻灯片模板、字体、字号、颜色、项目符号等呈现方式区分出课程名称、章、节、知识点，即题目、一级标题、二级标题、正文和前后幻灯片之间的内在联系，使之符合教学内容的逻辑关系和学生的认知规律。

三、微课

微课是指运用信息技术按照认知规律，呈现碎片化学习内容、过程及扩展素材的结构化数字资源。

微课的核心组成内容是课堂教学视频，同时还包含与该教学主题相关的教学设计、素材课件、教学反思、练习测试及学生反馈、教师点评等辅助性教学资源，它们以一定

的组织关系和呈现方式共同营造了一个半结构化、主题式的资源单元应用小环境。因此，微课既有别于传统单一资源类型的教学课例、教学课件、教学设计、教学反思等教学资源，又是在其基础上继承和发展起来的一种新型教学资源。

书法微课是按照新课程标准及教学要求，以书法教学视频为主要载体，记录教师在课堂内外教育教学过程中围绕某个知识点（重点、难点、疑点）或教学环境而组织的精彩教学数字资源。

一节课的精华总是围绕某个知识点或者某个教学点展开的，而精彩的、高潮的环节都是短暂或瞬间的，书法教学也是如此，在书法教学中，学生视觉驻留时间普遍只有 5~8 分钟，若时间太长，注意力得不到缓解，很难达到较理想的教学效果。如果换一种思维方式，只将教学重点、难点、疑点等精彩片段录制下来，精准解决学生问题，这样简短的视频，通常在 50M 左右，方便学生通过网络下载或点播，利用率极高。

书法微课或在线课程制作有很多形式，如课堂实录式、实地拍摄式、绿幕抠屏式、PPT 录屏式、讨论式、采访式、演讲式、画中画式等；在制作中需要运用的设备或者软件也是非常多的，最为常见的是电脑、摄像机或录屏软件等。在具体操作时，教师需要利用业余时间来学习和练习，并掌握各种程序以及参数，更为重要的是掌握课程的设计。

一般而言，一节微课就是一个知识点或者某个技能的学习，内容相对集中，需要教师在教学语言、教学内容等各方面进行精巧的设计与构思，才能够吸引学生。整个视频要控制在 5~10 分钟以内，引入和结题要简洁明了。

无论是书法课堂的哪一个环节，都要找准微课与课堂的切入点，在合适的时机用合适的方式，使微课有机地融入书法教学。并不是每一课都需要微课的介入，它只是教学的一个辅助资源之一，其他的媒体资源和教具也应合理利用。

四、书法人工智能

随着人工智能、大数据等新兴科技的快速发展，书法也开始应用人工智能技术。

目前常见的书法人工智能应用系统集图像处理技术、深度学习技术、增强现实技术、智能机器人技术于一体，由手机（或平板）、电脑端与写字平台（或临摹屏）构成，书写者手持笔具在写字平台自然书写，系统对书写产生的轨迹或图形符号进行数字化处理，实时显示书写的过程和结果，基于深度学习技术进行即时测评，包括结构、部件、笔画等多个维度。

写字平台分有纸墨和无纸墨两种。传统书法是笔、墨、纸、人的高度和谐统一，这样写出来的字才有意境，而无纸墨化写字平台，大大削弱了书法的书写感受。

第三节 "互联网+"时代的书法教学

一、在线直播授课

直播授课是当下主流的在线教学模式，打破时间和地域限制，受到教师和学生的青睐，特别是在停课不停学的情况下，直播课可以让教学持续。

目前网络直播授课的平台众多，教师和学生可以选择适合自己的平台开直播课。本书以钉钉（Ding Talk）为例。

开设直播课前首先要创建钉钉班级群，选择建立场景群，进入后选择建立班级群，邀请班级学生进入班级群。

在直播教学前，应该提前进行教学设备的调试。准备好电脑、教案、笔、教具，等等。在安静的房间，测试耳机是否正常。摄像头的位置，能否把自己的面貌录入，等等。尤其是对课件的准备，教师要提前调试是否能在直播课中顺利播放。

点击在线课堂按钮发起直播授课。这时屏幕会弹出窗口，输入课程名称，选择打开语音摄像头等操作。进入课堂后可以播放一首练字歌，测试直播信号的同时提前营造轻松的授课氛围。点击添加学生，伴随着活泼轻快的音乐，学生们陆续进入在线课堂，准备上课。可将声音设置成全员静音模式，主屏幕显示黑板，侧栏显示教师和学生。黑板功能可用画笔、图形、文字、橡皮、计时器等功能进行操作演示，也可以选择打开文件，将制作的课件、图片、视频等展示文件在主屏幕操作演示。在线课堂模式可以实时实现画中画，让学生在看课件时看到教师，教师要求学生打开摄像头，方便教师管理课堂。当课堂需要互动时，教师可开启其个人语音，方便对话；也可以开启某位学生粉笔功能，让学生直接在黑板上进行操作。当有学生需要提问时，点击举手按钮，教师端会有黄色小手闪烁提示，教师可以与学生进行互动沟通，设置声音模式，把麦克风和扬声器声音设置适中。

如果有多个班级需要同时上课，可以点击多群联播，添加其他的班级群，这样就能同时让多个班级的学生一起学习。注意，这个需要直播的教师必须加入其他班级群，如果未加入需要请该班级的群主确认授课教师加入群中的教师身份中。

与学生互动时注意，多设置一些选择题让学生回答（用动作表示答案），因为学生大多是在手机上收看直播，大家都说比较嘈杂，回复信息又比较麻烦，例如教师可以问：

"同学们，横的起笔听明白了吗？听明白的点头示意，不明白的摆手示意"，这样学生就能在收看直播时快速地回复答案。学生回复后，教师也可以直观地看到学生的回复情况，视情况再进行授课。

课堂中如果让学生练习写字，也可以让学生把写好的字用手机直接拍照上传。

下课后可在家校本发起布置作业，发布作业后，学生会收到作业通知，学生提交作业到家校本，教师就可以在班级群内进行作业批改回复了。

二、慕课

慕课（MOOC，全称 Massive Open Online Courses），即大规模开放在线课程。2012年被称为慕课元年，正是从这一年开始，在全世界范围内刮起了一股巨大的慕课风潮，同时其开放性为它的发展带来了重要的契机。近年来，随着慕课的发展，各种形式的书法慕课也逐渐被开发出来，并提供给大众免费使用。

慕课最大可能地整合了全国的优质书法课程，只要人们有书法学习的需要，就可以如临现场般感受到众多优秀教师的书法教学，从而提高自己的书法审美、书法创作、书法表现等诸方面的能力和水平。

我们可以从 MOOC 中国、学堂在线、中国大学 MOOC 等几家较大的在线教育平台上搜索到书法在线课程，其中的大部分课程都是面向大众免费开放的。

不过略显遗憾的是当下的书法慕课多面向大学生群体，教师可以有选择地学习或摘录慕课中合适的书法教育资源，向学生传播。

三、书法双师教学

书法双师教学是由两名教师一起开展教学活动，一名是书法专业教师，负责线上讲解与示范；另一名是线下教师，负责线下互动辅导教学，包括制订教学计划、课堂管理、组织学生讨论、教学重难点总结答疑、批改作业、个别辅导、查漏补缺、巩固练习、检查和评价学习效果等课堂环节。

书法双师教学尝试用信息技术解决书法师资普遍不足、优秀资源匮乏等问题，实现专业资源共享，解决书法优质专业资源不平衡的问题。这种教学模式可以最大化地实现优质专业资源利用程度，促进教育向均衡化、公益性、创新型发展，全面提升书法教学质量。

（一）书法双师教学的模式

书法双师教学有两种模式，一种是远程实时直播教学，另一种是专业数字化课程播放。书法远程实时直播教学中，在线教师可以与学生互动，同时要求线下教师与线上老师有一定的默契度，共同制订教学计划、课程设计、互动辅导的课堂内容。

专业数字化体系播放的课程是线上书法专业教师进行深入浅出的讲解，规范到位的示范，在书法教学中运用临、摹、讲、写等书法教师的基本功，引导学生进行学习与欣赏，或参与者书法表现创作等实践活动。专业数字化课程播放给予线下老师教学主导作用，适合非专业技能教师进行书法教学，线上进行专业的讲解与示范，其他工作都由线下教师组织进行。

（二）书法数字化教学系统

书法数字化教学系统将传统的文化与现代的信息技术相融合，将专业教师的讲授制作成数字课堂，既有清晰可见的动画演示，又有生动形象的名家示范，在很大程度上解决了书法师资匮乏的实际问题。

基于书法数字化教学系统的双师教学，是学校任课教师基于对数字化教学平台上优质教学资源的分析，依托数字化教学平台和互联网技术并选择合适的授课方式来完成教学目标的教学过程。

个体分散化的教育资源存储方式在书法教育的发展空间一定是有限的，书法数字化教学系统则整合硬笔书法、软笔书法的内容，适合义务教育、高中、职业院校、普通高校以至成人书法教学，提供适用不同学段的书法教学资源，给书法教学带来极大便利。

书法数字化教学系统如果让学生配合移动学习终端使用，教师可以对学生的练习作业快速评价、反馈，使学生得到及时的指导。学生用手机扫一扫字帖例字二维码，其书写要领就能通过生动形象、清晰可见的视频呈现，学生的学习兴趣得到了很大提高。这一功能同时加强了书法教育家校融合，家长可以通过手机端了解字的书写要领，给予孩子准确指导，又能趁机了解孩子的学习情况。

（三）线下教师的职责

在书法双师教学中，线下教师的作用十分重要。

一堂书法双师课程的效果与线下教师的投入密不可分，线下教师工作是保障双师教学效果的关键一环，只有线下教师全程深度参与，维护课堂秩序、辅导学生学习并进行互动答疑、展示、分享等，带动学习氛围，才能保证书法双师教学的效果。

线下教师的职责有：

1.制订教学计划。书法课程以学期为单位，线下老师需要制订每学期的教学计划，包括但不限于讲课次数、教学内容、书法活动、考评。

2.熟悉教室内多媒体教学仪器的使用与管理，负责管理运行教室多媒体仪器。

3.结合书法数字化教学系统制作教学教案。线下教师也要备课，熟悉教学目标，重点、难点，要反复观看专业教师授课视频，熟悉授课环节及时段时长；设计板书授课内容；设计单课课程导入与总结。

4.课程中用心听专业教师授课，选择要点适当板书，或停下视频讲授、复讲课程内容，或重播线上教师讲授。

5.对课堂进行管理，密切关注学生的学习动态和状态，遇到重点、难点及时点拨，指导学生学习，把控课堂秩序。

6.进行知识点串讲和课堂总结，布置、批改并讲解作业。

7.课堂记录反馈。对学生进行学习效果评估，阶段性进行学习测评考核。

8.书写能力提升。教师要提升自身的书写能力（三笔字）、书法鉴赏能力、书写点评能力。

第三编 书法文化与欣赏

第一章 硬笔书写的基本知识

第一节 规范的坐姿和执笔姿势

2018 年 8 月，教育部、国家卫生健康委员会等八部门联合印发《综合防控儿童青少年近视实施方案》，其中对纠正不良书写习惯、错误握笔姿势等提出明确要求。

该方案强调"避免不良用眼行为"，并明确提出，监督并随时纠正孩子不良书写姿势，应保持"一尺、一拳、一寸"，即眼睛与书本距离应约为一尺、胸前与课桌距离应约为一拳、握笔的手指与笔尖距离应约为一寸。我们建议在教学时，教师这样指导学生：

1.头正身直足平。头放正，不能歪斜着头；身正，身子也要放正不能侧着或卧着；足放平，脚平放在地上，不要跷腿垫脚。

2.眼离纸面一尺。眼睛要离纸面有一尺的距离，不能靠得太近，也不能离得太远，现在有很多人近视，是习惯离纸面很近，这样的习惯不好。

3.胸离桌缘一拳。胸不能依靠着桌子，也不能离桌子过远，以一拳的距离为宜。

4.手离笔尖一寸。手离笔尖的距离为一寸，这是抓笔的技巧。抓笔一般大约在整支笔的前三分之一处。

规范的坐姿

书写时做到五移：

1.移纸：写完一两个字后要移纸不移手；很多学生是移手不移纸，造成身随手移，坐姿歪斜，眼睛斜视。

2.移肘：很多学生手臂全放在桌边线内，应该是手臂对称45°摆放在桌面上，三分之二移在桌边线以内，三分之一移在桌边线以外；与身子形成稳定的三角支撑关系，很易控制胸距桌边线一拳。

3.移笔：书写落笔点是鼻尖正对笔尖中心线向右移一厘米；相反，如落点在中心线上或往左的位置就会挡着视线，头自然向左偏导致头向左歪斜，头不正。

4.移臀：要虚坐不满坐，臀部向凳面前移三分之一。

5.移身：凳高、桌高要与身子相匹配，坐在凳子上手臂下垂的肘关节与桌面平行为宜。桌凳不匹配现象在家最为突出，一条凳子几十年陪伴一张桌子。

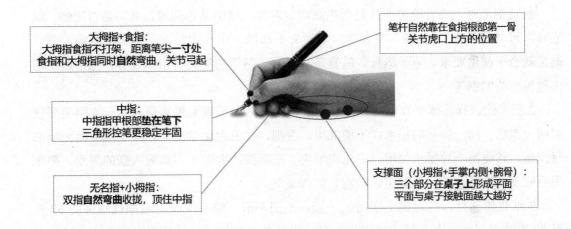

大拇指+食指：
大拇指食指不打架，距离笔尖一寸处食指和大拇指同时自然弯曲，关节弓起

笔杆自然靠在食指根部第一骨关节虎口上方的位置

中指：
中指指甲根部垫在笔下三角形控笔更稳定牢固

无名指+小拇指：
双指自然弯曲收拢，顶住中指

支撑面（小拇指+手掌内侧+腕骨）：
三个部分在桌子上形成平面平面与桌子接触面越大越好

规范的握笔姿势是：

1.大拇指和食指轻轻地捏住笔杆，食指稍靠前，大拇指稍靠后，捏住的位置距离笔尖约一寸。将笔杆压到食指根部第一骨关节的位置。注意大拇指和食指之间留一条缝隙，不要对捏或交叉。

2.中指的指甲根部托住笔杆的后下方，与大拇指、食指形成三角支架。

3.无名指、小拇指自然弯曲并拢，形似拳心握着一个圆筒冰激凌。

4.小拇指结合手掌内侧、腕骨形成稳定的书写支撑，指腕结合来写字。

第二节 钢笔该如何选择

汉字书写工具分硬笔和软笔，硬笔书写工具包括钢笔、圆珠笔、蘸水笔、铅笔、塑头笔、竹笔、木笔、铁笔等，以墨水为主要载体，来表现汉字书写技巧。硬笔具有携带方便、书写快捷、使用广泛等特点。工欲善其事必先利其器，选择一杆好笔，不但能体现书写技巧，对于书写速度也有明显的促进作用。

书写钢笔字工具的优劣直接影响着书写时的效果，因此必须重视书写工具的选择与使用。书写钢笔字的工具有钢笔、墨水和纸张。

1.钢笔的选择。钢笔的种类和型号很多，练习硬笔书法选择普通钢笔即可。

挑选钢笔时，要看笔尖两片是否粗细均匀对称，顶端是否圆滑，书写是否流畅。试笔时，可书写"永"和"8"字多次。如笔尖不刮纸，出水均匀，书写圆滑流畅，那么笔尖就合乎使用要求。至于笔杆、笔套是次要的。钢笔的笔尖有粗细之分，练字适用笔尖稍粗一些的钢笔。

2.墨水的选择。练字宜用蓝黑墨水和碳素墨水，尤以碳素墨水最佳。一支钢笔要使用同一颜色、同一牌号的墨水，不能混用。否则，会引起化学变化，产生沉淀而影响书写流畅。若要换一种墨水使用，应先将笔尖、笔胆洗净并晾干，再吸入新的墨水。墨水用后应及时旋紧瓶盖，以防尘、防泼、防挥发等。

3.纸张的选择。练习钢笔字用纸一般以不洇不滑，略有涩感，吸墨性较强的 60 克至 80 克的书写纸、有光纸或复印纸为好。练习楷书字体时，最好在印有方格的纸上书写，以便安排字的大小、结构，增强练字的效果。

第三节 钢笔的用笔方法

运笔和执笔的方法统称为笔法。它们关系到笔画的形态、力度和速度，是控制笔画质感的手段，也是书写技巧中最基本、最重要的内容。

具体地说，钢笔用笔要求有以下三个方面：

1.笔画要呈现立体感。钢笔的笔尖正面（可以认为是正锋）、侧面（可以看作偏锋），运笔是无论起笔、行笔、收笔还是转折处都使笔锋的正面触纸，即正锋行笔，则点画必定是圆润而厚实、丰满而遒劲，给人以立体的感觉。

2.笔画要有轻重感。我们从点画的书写过程来看，任何一个点画，都有落笔、运笔和收笔三个基本动作。这三个动作用力是不同的，应表现出落笔、收笔处稍重；行笔过程稍轻，转折停顿处略重，悬针出锋、钩、挑，收笔处稍轻；"点"宜重，"画"稍轻，等等。总之，改变用笔的力度就会产生不同的效果，写出来的点画不仅粗细不同、首尾明确、点画分明，还会给人以飘逸秀美、沉着浑厚的感觉，同时还有起伏的变化，又富有弹性之美。强调钢笔字点画运笔的轻重感时，应该注重含蓄，也要注意轻笔忌浮弱，重笔忌呆滞。

3.点画要有快慢感。我们知道，字的结构，如果平正、匀称、连贯、参差皆备，而没有飞动之势，则必然缺乏生气，要有生气必须用生动的点画来表现。表现点画的动感就楷书而言，往往就是点画的运笔要有快慢、徐疾的变化。一般是落笔收笔较慢，中间行笔稍快，转折处不可快，直行的笔画不应慢；用笔重则慢，用笔轻可稍快，作点时宜慢，出锋收笔处应快等。行笔快易飘薄，行笔慢易失势，运笔时要注意控制。

总之，我们要求执笔应实而不死，运笔宜活而不浮，这样才能写出一手好字来。

第四节 钢笔楷书的特点

楷书是汉字的主要书体。楷，是楷模，就是标准字体。钢笔楷书具有以下几个特点：

一、讲究用笔

钢笔楷书的笔画有提顿、藏露、方圆、快慢等用笔方法。不同的用笔方法产生不同形态、质感的笔画线条，不同的笔画需要不同的用笔方法去体现。钢笔楷书字形较小，线条粗细变化不大，如果书写时用笔稍不注意，笔画就达不到要求，笔画就会出现软弱无力、僵硬死板等毛病。因此，必须经过严格训练才能掌握用笔方法。

二、笔画分明

钢笔楷书的每一个笔画的起笔和收笔都要交代清楚，工整规范，干净利落，不能潦草、粘连。但是笔画与笔画之间又要有内在的呼应关系，使笔画达到：既起收有序、笔笔分明、坚实有力，又停而不断、直而不僵、弯而不弱、流畅自然。

三、结构方整

钢笔楷书在结构上强调笔画和部首均衡分布、重心平稳、比例适当、字形端正、合乎规范。字与字排列在一起时要大小匀称、行款整齐。虽然也有形态上的参差变化，但从总体上看仍是整齐工整的。

正是由于以上原因，历代许多书家都主张把楷书作为学习书法的第一步。现行的《义务教育语文课程标准（2022年版）》中要求，学生在小学阶段主要是学好写钢笔楷书，打好基础，为上中学写行楷书创造条件。实践证明，只有经过系统的楷书练习，才能了解汉字笔画和结构的特点和要求，才能掌握汉字的组合规律，为学写行楷书奠定书写基础，从而练就一手合乎法度、流畅自然的行书和草书。

练习楷书，应从笔画和结构两方面下功夫。练习笔画，主要解决用笔方法问题，目的是生产合格的"零件"；练习结构，主要是解决笔画和部首之间的组合方式问题，目的是学会结构方法，掌握结构规律，从而达到将字写端正、整齐、美观的要求。

第二章 硬笔书法作品欣赏

字写好了给人以美感，硬笔书法就是在字写好的基础上的升华。一幅硬笔书法作品，它的线条、结构、章法、用墨，以及钤印和落款，都是很讲究的。近些年来，硬笔书法在借鉴软笔书法创作理念后走向艺术化、专业化，作品形式从单一性走向风格的多元化，从最初的实用硬笔书法逐步发展到纯硬笔书法艺术。

本章我们推荐三位硬笔书法作者，教师可通过互联网寻找他们的作品，呈现给学生，把他们的书法特点介绍给学生。

谢非墨

谢非墨，1947年生于浙江。现为中国书法家协会会员、中国硬笔书法家协会理事、浙江省硬笔书法家协会副主席。

谢非墨的书艺，无论毛笔、硬笔都已精湛，大有名气。尤其在硬笔书法界，是实力派人物之一，占有重要一席。他的作品点画精到，力骨两健，典雅高洁，古朴庄重而意气深隽，神变无碍，因此驰骋硬坛，已有"谢非墨体"之称谓，效仿者不在少数，因而获奖成名者也大有其人。

卢中南

卢中南，1950年生于武汉，五六岁便在父亲的指导教育下开始描红练字。上小学时，教授大字课的一位老师让他第一次见到了欧阳询的《九成宫醴泉铭》，卢中南从此专注于欧体楷书。那时为节约纸墨，老师让他用写秃的毛笔蘸着清水，在磨平的青砖和废旧的硬纸壳上练习悬肘写笔画。卢中南醉心痴迷于欧体，并为此付出了几十年的苦功。

卢中南的硬笔书法在借鉴晋代王羲之、王献之和唐代欧阳询书法的基础上，努力尝试，大胆突破，书写出了适合大众欣赏口味并具有传统书法审美标准的钢笔楷书，结构严谨，线条俊美，形式规范，独具特色，适宜练习，深受广大书法爱好者特别是中小学生的欢迎。

张秀

张秀，1962 年生于武汉，湖北省博物馆副研究馆员，中国书法家协会会员，湖北省书法家协会副主席，中国硬笔书法家协会理事。

张秀幼承家学，父亲是中学历史教师，喜欢画画，正所谓书画同源，业余时间她便跟随父亲写字画画，逐渐浸染着艺术的熏陶，慢慢地走上了艺术的道路。

张秀五六岁时，随父亲上街，在他勾勒出的字框里，涂抹着红颜料。也许从父亲那里得了"安静"的遗传，岁不满十的张秀写起字来，可以坐一整天不出门。开始，觉得好玩，久而久之，就着了迷。

她幼时始学颜书，先后师承书法家周华琴和黄亮先生。作品追求清雅古朴、劲秀逸美的风格。对于书法，张秀有句话说得非常好，一幅作品，一个字，乃至一点一画，都不应是今人对古人机械地临摹，而是书家情感在笔端的自然流泻。

自 18 岁起，张秀即为武当山古建筑磨针井题字，为湖北秭归屈原纪念馆题写山门匾额和为屈原衣冠冢题写对联，并为东湖等名胜古迹书写碑文。

梅花香自苦寒来！1985 年张秀荣获"全国首届硬笔书法大赛"特等奖，是 10 名特等奖获得者中唯一的女性，此后 6 次荣获"银河杯"和"杏花杯"等全国书画大奖赛一等奖。张秀女士出版的作品有九年义务教育全日制小学课本——《写字》等毛钢笔书法教材和字帖 60 余种。

第三章 软笔书写的基本知识

第一节 毛笔写字的姿势

书写软笔书法，养成一个好的书写姿势是很重要的。姿势不对，久而成习，不但不雅观，影响书法的书写效果，而且对身体还有妨害。错误的书写姿势，对视力、对脊椎妨害极大，字也不可能写好。如果练习毛笔书法也这样，那是绝对不行的。

软笔书法最讲究结体、用笔、行气和章法，而这些只有直身正视才能谛审、把握；如果偏身斜视，势必产生错觉，欲正而斜、欲左而右，那就白费劲了。

规范的书写姿势

1.习字时要端正姿势。端坐桌前，与桌保持一些距离，纸放正，右手运笔成字时，笔的位置，对准鼻的前方而稍偏右，头正而稍偏左，可看得清楚，又可使字不歪斜。两脚踏实，与肩同宽，到了写较大的字幅，要端立，沉肩坠肘，腋下打开。脚桩站得稳不稳，也会影响字的稳定性。故前人把"正脚手"作为习字的第一步骤。

2.全身须松开下沉，肩不要耸，背不要弓。站着写大字，脚站稳，用腰推动肩，肩带动腕，这叫"力发乎腰，其根在脚"。又把腰肩之力或者全身之力送到笔尖，再跟着笔送到笔画尽端，这样，写出的字就可厚重到家。又不论坐着、立着写，要眼到、心到、手到，注意力集中，写时能心、手、眼一致，自然而认真地对待它。

第二节 毛笔执笔的姿势

拿毛笔写字跟拿筷子吃饭、用铁锹铲土一样，如果方法不对，是费力而又难以达到目的的。所以，初学书法宜先学会正确执笔。

关于执笔的方法，历来有很多的名目，书家的意见也不尽相同。这里主要介绍一种比较科学，被多数书家普遍使用的方法，就是前人称为"拨镫法"的传统执笔法。唐代陆希声曾将这种执笔法的要领归结为五个字：擫、押、勾、揭、抵。

下面依次分别作简要的说明：

擫（yè），就是按的意思，即以大拇指指肚按住笔管，向右前方与食指相对用力。

押，食指弯曲下倾，用第一关节靠大拇指的边侧押束笔管，与大拇指相对用力。大拇指的擫与食指的押主要是对笔起固定的作用。要特别注意的是，不可用食指的中节着笔管，那样牢是牢固了，但是不能灵活运转。

勾，中指弯曲，指尖斜下向内，以指肚着笔管，勾住笔管的外侧向手心方向用力。

揭，也叫格，是无名指弯曲，用指甲与肉交际处抵住笔管，向外向上用力，即与中指的用力方向相反。勾与揭主要是在运笔时能对笔起回环使转的作用。

抵，小指弯曲如无名指并紧贴无名指。抵是对揭的辅助。

为何称"拨镫"？说法不一，用骑马者的脚尖踏镫，来比方手指执笔，宜浅踏，容易转换。拨镫法是一般坐着写字适用的。

"执笔无定法"（苏东坡语），笔有大小、轻重和形制的不同，字也有大小、书体和书写处所的差异，例如，一般写楷书、隶书、篆书执得低些（即离笔头近些）；写行书执得稍高些；写草书更高些。执得低些可以稳些；执得高些可以挥洒自如些；但也可各随己意。书写的人可以根据不同的情况与自己的习惯而采用不同的执笔法，不必拘泥于一种，但是总要以运笔灵活，便于表现其点画的艺术效果为准。

第三节 运腕的方法

从来写字、作书很重视腕力，手指执笔，运转要靠腕。用腕有三种名称：

枕腕：在提腕时用左手垫放右臂肘腕之间下面，或用一竹爿（名叫搁臂）作枕，竹面较滑，下臂靠在上面还可移动。

悬腕：把右腕提起，肘着桌面。

悬肘：腕与肘都离桌面。

上述腕法都是为了要发挥腕的作用，达到写字的灵活而有力。除非写 1 厘米左右小字，用指已够运转，则可着腕（腕着桌着纸）；稍大的小字最好用枕腕；写 5~6 厘米见方的，不能再着腕，可悬腕甚至悬肘。写较大的字必须悬肘，以其有较大的回旋余地。

至于在什么情况下该悬腕悬肘，悬到什么程度，并无固定标准，应该随着字的大小和墨气需要而定。这好比用筷子，夹自己碗边的小豆，夹桌面中心处的一块肉，还是夹对面桌边处的大馒头，当时的办法必然会有不同。拿筷时手指的活动，夹菜时腕肘的抬法，从来没有用筷夹菜的谱式而人人都会把食物吃到口中。学习书法运指、腕、肘、臂等问题，道理不过如此，按照各人的生理条件、使用习惯，讲求些也无妨碍，但如果讲得太死，太绝对，就不合实际了。

第四章 文房四宝

文房是文人的书斋或书房,泛指读书、写作和书画创作的空间场所,有时也特指书写用品,即书写工具和材料,包括毛笔、墨、纸、砚台、笔洗、笔架、笔筒、镇纸等。

在西方硬笔书写工具传入并在我国普及之前,人们一直使用相对较为软性的毛笔,并配之以墨、纸、砚台等工具材料。由于我国各个地域的气候差异、地理不同、物性有别,再加上工匠艺人的长期精心钻研、创意与制作,最终形成公认的以湖笔、徽墨、宣纸和端砚为代表的文房四宝。

我们日常所说的文房四宝,是泛指一般的书写工具和材料,即毛笔、墨、纸、砚台。

将笔、墨、纸、砚统称文房四宝,有一个逐渐发展的过程。

五代南唐后主李煜擅长诗词、书画,酷爱澄心堂纸。五代时,开始将澄心堂纸、李廷珪墨、龙尾石砚称为新安三宝。到了宋代,苏易简著《文房四谱》(又名《文房四宝谱》),第一次将纸、笔、墨、砚从文房用具角度做了专门研究,开始有文房四宝之说。于是北宋诗人梅尧臣便有了"文房四宝出二郡,迩来赏爱君与予"的诗句,文房四宝的称呼于是流传至今。

第一节 笔

6000多年之前,我们的先民就在生产和生活中使用了类似"毛笔"的书写工具,陕西省西安市出土的半坡新石器时代陶器,遗留有古人运用毛笔书写时留下的笔触,这说明新石器时代的"毛笔"已经具备了书写的基本功能。

目前,古代毛笔出土实物年代最早的,是战国时期的楚墓毛笔。这种毛笔笔毫尖锐,笔杆细长。甘肃出土的战国时期的毛笔,笔毫与笔杆直径明显加粗。战国时期的毛笔,已与现今毛笔的形制基本相同。出土的大量简牍书法和帛书,能使我们感受到古人运用毛笔的高超技艺。

春秋战国时期的毛笔名称不一,秦朝统一天下后开始统称为"笔"。

"笔"字之所以从竹,可能是因笔杆主要采用竹竿制作的。毛笔由笔头和笔杆两部分组成。笔头由内部中心较长的笔柱和外周略短的披毛组成,笔头由圆粗到尖细部位依次称为笔根、笔肚和笔锋,也有依次称为笔根、笔腰、笔肚和笔锋的。在日常书写时主要是笔锋和笔肚接触纸面，笔腰尤其是笔根很少直接触碰纸面。

笔杆呈圆柱状，便于执笔舒适和运笔过程中细微动作的运用。日常书写，毛笔笔杆的直径宜在5~10毫米之间，太细则执笔不稳，字迹点画飘滑不定，笔杆过粗则运笔不灵活，难以表达字迹点画的用笔细节。

根据动物毫毛物理性质的软硬差别和配制比例不同，毛笔可以简单地分为软毫类、硬毫类和兼毫类三种。

软毫类毛笔以羊毫笔为代表，另有鸡毫笔、胎毛笔。

硬毫类毛笔以狼毫笔为代表，另有紫毫笔、石獾笔。

兼毫类毛笔将软毫与硬毫兼用而成，例如羊毫与狼毫兼用的狼羊毫笔，紫毫与羊毫兼用的紫羊毫笔等。

根据笔头的长短，毛笔可以分为长锋笔和短锋笔。长锋笔的笔形相对瘦长，短锋笔的笔形相对比较粗短。

根据书写内容和字形尺寸大小，毛笔还可以分为小、中、大三种型号。

小型号毛笔出锋一般在2厘米之内，主要用来书写小楷、小行书等书体和小尺幅的尺牍、扇面、册页等形式。

中型号毛笔出锋一般在3~5厘米之内，主要用来书写中楷、大楷、隶书、篆书、行书和草书等书体，主要是四尺宣纸左右的中堂、条幅、斗方、屏风、长卷等。

大型号毛笔出锋一般在5厘米以上，笔头直径和出锋长度多有变化，适宜书写字形尺寸或篇幅尺寸较大的作品，比如匾额、摩崖书丹等。

初学书法者宜选用小、中型号的毛笔作为主要书写工具。

毛笔出厂时，笔头通常用胶定型，这样既便于包装，又不折损笔毛，还能使笔毛直顺、踏实。使用的时候，用手轻轻地把笔毛捏开后，用凉水将笔毛浸透，把笔头全部泛开，把笔中的胶涮净，去掉根部没有胶住的浮毛，然后挤净水，把笔毛捋直顺，就可以着墨使用。

每次用完毛笔，一定要将笔毛涮干净，至少残墨不可太多，越干净越好，因为宿墨伤笔。毛笔用完、残墨洗干后，还要将笔毛捋齐、捋顺，笔尖一定要正，不可歪斜，不可有卷毛，不可有脱离笔锋笔肚的毛，一定要将毛笔收拾好，收拾整齐，然后将笔挂在笔架上。如没有笔架，虽然可以平放，也可以倒着插在笔筒里，但都不如挂在笔架上。

短时间不使用毛笔时，可以将笔帽临时戴上。但长时间不写时，毛笔涮干净后要自然风干，不要再戴笔帽，笔毛不可以总是湿的，尤其是残湿墨，绝对伤笔。因为干湿交替，笔杆也容易开裂。如果笔头掉下来，用万能胶粘上就是了。

毛笔的四德

毛笔是古人必备的文房用具，因此，古人非常重视毛笔本身的功能，一款好的毛笔必须具备四德，即尖、齐、圆、健。

尖：指笔锋聚拢时，末端要尖锐。只有笔尖写出的字，才能有锋有棱，富有神采。

齐：指笔尖润开压平后，毫尖平齐。只有毫尖平齐，长短相等，运笔时才能做到万毫齐力。

圆：指笔锋要圆满。笔锋圆满，运笔时才能圆转如意。

健：指笔要有弹性。笔有弹性，才能运用自如。

第二节 墨

约公元前2500年至约公元前2100年新石器时代的彩绘陶器上，我们的先民已经利用黑、白、红等色彩进行美化和装饰，当时彩绘所用的颜色就是取材于天然矿物质材料石墨。

等到人类跨入文明时期之后，文字就逐渐出现了。祖先们开始著书立传，墨也随之迎来了它的新篇章。

《述古书法纂》中，有"邢夷始制墨"的记载，邢夷生活于西周时期。"邢"，也就是夏朝时的"井方"，今日河北的邢台。"邢"的得名最晚在商代晚期，史书上就记载有"邢侯强谏纣王，犯颜而死"的悲剧。西周建立后，更是将摄政王周公的四子姬苴分封于此，抵御山戎的东侵，展开了长达500年的"邢侯搏戎"的卫国战争。"邢夷"应该就是西周时生活在"邢襄大地"上的一员。

"邢夷始制墨"的记载表明，在西周时期，我们的先民已有制墨的可能。比西周稍晚的战国简牍书法和帛画等出土文物可以证明，墨在周朝已经得到制作和应用。

东汉许慎在《说文解字》中，把"墨"解释为"墨为黑也，松烟所成土也"。东汉时制作墨的基本工艺，与现在成熟概念的制墨流程基本相同，只是缺少雕模、压制、成型、晾干、描画等工艺流程。

墨分为固体墨与液体墨两大类。固体墨包括墨丸、墨锭，液体墨即墨汁。

一块优质墨锭，色泽饱满、细腻光亮，泛紫玉光泽，表面细腻温润，手感较轻。研磨时会发出沁人心脾的浓郁香气，或散发有麝香、冰片等名贵中药香气；用指关节轻轻叩击声音清脆如磬，研磨时发墨快、墨色易浓黑，研磨温润细腻，无杂质，研磨无异响。

古人讲"磨墨如病夫"，形象地说明磨墨要轻要慢，不能急躁，否则墨汁颗粒会粗糙，或者墨中有杂质会划伤砚台。研墨时要用常温清水，少许勿多，至浓勿淡。研磨时墨锭保持垂直状态，走"8"字形线路，研磨至浓黑。研磨后，用吸水性较强的纸将墨锭研磨面的水吸净、阴干。墨锭保存注意避免受潮、高温、日晒、水浸，置于阴凉、无风处。

第三节 纸

中国书法作品承载情感、文思和笔墨形迹的载体很多，如竹、木、绢、墙壁、石头、砖块、陶瓷、碑等，其中纸无疑是最常见、最重要的载体。

历史上有东汉"蔡伦造纸"的说法，如同"蒙恬制笔""邢夷造墨"一样。

但是，考古出土的古代纸张实物证实，早在东汉蔡伦造纸前，纸张就已经出现了，并且出土地区广布新疆、内蒙古、陕西等地。考古出土纸张实物证实，我国早期的纸主要是麻纸和皮纸。

秦代以前书法的书写、镌刻载体，有金属、纺织物、竹木、石材等，至今没有发现纸质作品实物。可以推测，秦以后的某个时段，人们寻找更便于书写的物品，不断尝试研发创新。

唐代张彦远《历代名画记》已有"好事家宜置宣纸百幅，用法蜡之，以备摹写"。可见，宣纸在唐代就有制作实践，并且声名远扬。不过这时的宣纸与明清时期的宣纸还不是一回事。明清之际，安徽泾县、宣城、宁国、太平四地盛产以檀树皮、稻草为主要原料的书画用纸，因为这些地方都隶属宣州，"宣纸"因此而得名。

按加工工艺分类，书法用纸分为手工制纸和机器制纸。手工制纸温厚、绵韧，纸张表面呈温和的粗糙感，吸墨性、附着力和抗拉力好，墨色变化丰富、自然。机器制纸光滑、脆硬，吸墨性、附着力和抗拉力比较差，墨色变化相对单调、枯燥。

按使用材料分类，书法用纸分为皮纸、麻纸、竹纸等。纸张着墨后，皮纸和麻纸的墨色会变灰，竹纸的墨色稍好一点；皮纸的渗墨性最强，麻纸次之，竹纸最次。

按纸的性能分类，书法用纸分为生纸和熟纸。生纸是未加工处理的纸，纸张的纤维空隙有助于墨色的渗化。熟纸是经过胶矾等材料加工处理的纸，纸的表面就像涂上了一层不透水的透明保护膜，因此，熟纸吸墨，但不渗化。

关于宣纸的传说

公元 121 年，东汉造纸家蔡伦驾鹤西去，他的弟子孔丹在皖南以造纸为业，很想造出一种世上最好的纸，为师傅画像修谱，以表怀念之情。但年复一年难以如愿。一天，孔丹偶见一棵古老的青檀树倒在溪边。由于终年日晒水洗，树皮已腐烂变白，露出一缕缕修长洁净的纤维，孔丹取之造纸，经过反复试验，终于造出一种质地绝妙的纸来，这便是后来有名的宣纸。宣纸中有一种名叫"四尺丹"的，就是为了纪念孔丹，一直流传至今。

清乾隆年间重修的《小岭曹氏族谱》序言说："宋末争攘之际，烽燧四起，避乱忙忙。曹氏钟公八世孙曹大三，由虬川迁泾，来到小岭，分从十三宅，此系山陬，田地稀少，无法耕种，因赖蔡伦术为业，以维生计。"曹大三继承了前人的造纸技术，经过实践，逐步提高，终于造出了洁白纯净的好纸，因纸的集散地多在州治宣城，故名宣纸。

第四节 砚

砚也叫砚台、砚池、砚田，最大的又称墨海。

《古今事物考》载："自有书契，即有研砚。盖始于黄帝时也。""砚与文字同兴，予黄帝之代也。"宋代苏易简《砚谱·叙事》说："昔黄帝得玉一纽，治为墨海焉，其上篆文曰：'帝鸿氏之研。'"

可见砚的出现应当在笔、墨之后，但不会晚于墨的制作年代很久，应该早于纸的制造，它的历史应该也有 5000 年左右了。从湖北云梦睡虎地秦墓中出土的石砚和砚杵、西安半坡仰韶文化遗址中出土的磨盘和磨棒、安阳殷墟妇好墓和洛阳西周墓中出土的调色器等考古发现的文物来看，砚台最早是从研磨器和调色器逐渐演变发展而来的。

这些研磨器，可算是砚的鼻祖了。

考古发掘最早的砚石在汉代，早期砚材的选择往往就地取材。在那个萌芽的时代，砚台的主要构件是砚板及研磨器，砚板常见圆形及长方形，研磨器常见扁圆柱状或带有截面的卵石，砚台在此时，和磨盘的实际功能无二区别。于是最早对砚的命名，便是一个动词叫为"研"。

砚由砚额、砚池、砚侧、砚唇、砚底、砚冈、砚面、砚堂等组成。

由于人们对砚的钟爱、痴迷，于是文人墨客赋予砚许多雅称、昵称、别称，如：晋代潘安仁、宋代王炎称之石友；唐代韩愈呼作陶泓；唐代元稹呼名润色先生；唐代文嵩呼称石虚中，封即墨侯；宋代黄庭坚称作石泓；宋代苏轼称呼涵星泓、龙尾；清代王继香称名石君、静真先生；还有青眼等。

古人把砚人格化，以友相看，可谓喜爱至极。

中国四大名砚

中国的砚台经秦、汉，越魏、晋，到了唐、宋，出现了一个辉煌的时期，开始用广东端州的端石、安徽的歙石、甘肃临洮的洮河石制作砚台，生产出著名的端砚、歙砚、洮砚。唐时将端、歙、临洮合称为三大名砚。清代末期，又将山西绛州的澄泥砚加入，成为四大名砚。

端砚：产于广东肇庆东郊的端溪，因其体重而轻，质刚而柔，摸之寂寞无纤响，按之如小儿肌肤，温软嫩而不滑，具有不损毫、宜发墨的优点。有"群砚之首""天下第一砚""文房四宝宝中之宝"的美誉。

歙砚：材料来源于江西婺源龙尾山的砚石，婺源古属歙州，才取此名。因其色如碧云，声如金石，湿润如玉，墨峦浮艳。其石坚润，抚之如肌，磨之有锋，涩水留笔，滑不拒墨，墨小易干，涤之立净，开始挤进名砚地位。这里出产的砚台称为龙尾砚，不过现在歙砚产量已经很少了。

洮砚：取材于甘肃卓尼（唐属洮州）一带洮河深水处的石头，这些石头碧绿，整洁如玉，条纹似云彩。因其石质细腻，纹理如丝，气色秀润，发墨细快，保温利笔，且贮墨不变质，十多天不干涸，特别受北方王公贵族追捧。不过，至宋朝时已很稀少，中华人民共和国成立后又恢复了生产。

澄泥砚：与前述三者不同，它不是以石料制作而成，而是以泥为原料，经特殊工艺制作而成，目前该技艺已失传，市面上不多见。因始于唐代，至今已有千余年的历史，被誉为唐砚。也称作黄河澄泥砚，主要产于山西绛州黄河岸边诸地，与端砚、歙砚、洮砚史称"三石一陶"。

第五章 读帖和临帖

第一节 什么是字帖

帖，东汉许慎《说文解字》解释为"帛书署也"。

古人把写在竹、木片上的字，称为简牍，书写在丝织品上的字迹称为帖。由于帖最早是指写了字的奏事的小纸片，一般指字条、请帖、庚帖之类，因此凡是小件篇幅的书迹，过去都称为帖。

自东汉开始，书法艺术逐渐受到社会的重视，很多士大夫习惯于把书家信札作为珍秘收藏起来欣赏研习，称为帖。自北宋，刻帖之风盛行，人们把帖刻于木板、石头之上，名之曰丛帖、汇帖或集帖。从木板、石头上拓下来的拓本，为便于欣赏学习，装裱成册，亦称为帖。清末西方摄影技术传入我国后，凡镌刻、手写等一切书法文字，一经影印装订成册，亦皆称为帖。

第二节 怎样选择字帖

学书法要临帖，但临帖必须加以选择。古今碑帖、法书浩如烟海，难免有鱼目混珠的现象。再者个人的时间和精力也有限，即使竭尽毕生之力，也不可能临尽天下碑帖。所以应该根据自己的学习进程（即不同阶段），有计划、有目的地选择若干碑帖来临习。选什么帖，有以下三点值得注意：

首先，宜选古代最好的碑帖。

法帖对于学书法的人来说就是自己的楷模、老师，当然是越优秀越好。古话说："取法乎上，得乎其中；取法乎中，得乎其下。"如果是取法乎下，自然是得乎其下下了。在初学的纯粹摹仿阶段，如果选取了最好的帖，一上手就可能纳入正确的轨道。倘若一开始被坏帖引入歧途，先入为主而成习惯，以后即使醒悟，改也很难，因为一个人的书写习惯是很不容易改变的。

什么是好帖？一般地说，经过成百上千年历史考验的，被多数人公认的名人名帖是好帖，如王羲之的《兰亭序》、欧阳询的《九成宫醴泉铭》、颜真卿的《颜勤礼碑》等，都是素为人们推崇的好帖。当然，不是名人名帖也有好的，如北魏一些无名氏的碑刻，唐代一些无名氏的写经等，也可择善而从之。初学最好不选现代和当代一般人的帖。

其次，最好选取墨迹法帖。

墨迹法帖没有经过刻工刀凿的加工，书家用笔的轻重及起承转合，抑扬顿挫，一目了然，甚至连点画的勾连呼应，用墨的浓淡枯湿，虽毫芒而可辨。这样的字迹极便于临摹、玩味。启功教授有一首谈自己学书经验的诗说：

> 少谈魏晋怕徒劳，
>
> 简牍摩挲未几遭。
>
> 岂独甘卑爱唐宋，
>
> 半生师笔不师刀。

所谓师笔就是以墨迹法帖作范本。当遇到某种帖既有白纸黑字的墨迹又有黑底白字的刻本时，最好是选取墨迹而不要刻本。

最后，一定要针对自己的爱好和问题选帖。

历代名家的书法作品，其艺术特点是各有千秋的，而学者又总是各有所好的。只有选取自己最喜爱的法书作范本，学习起来才容易理解，便于入门，在这一点上不必苟合他人，随大流。不过，在发现了自己的字在某一方面有明显的缺陷时，为了有效地克服自己的毛病，也应当选择一种自己并不大喜欢，但对改正毛病很有好处的法书来临。比如自己的字结体总是很松散，又缺乏骨力，就可以选取柳公权的帖（例如《玄秘塔》）来临摹，因为柳体字结构严密而富于骨力，是医治松散乏力的一剂良药。有病服药，喜不喜欢是不能顾忌太多的。

第三节 怎样读帖

帖，又称法帖，是专供人们学习、临摹和研究书法艺术的范本。

所谓读帖，就是通过对范本字帖的用笔、笔画质感、节奏、空间构成等方面的观察，然后去临习。

北宋黄庭坚云："古人学书不尽临摹，张古人书于壁间，观之入神，则下笔时随人意。"南宋姜夔在《续书谱》中引用唐太宗的话云："皆须古人名笔，置之几案，悬之座右，朝夕谛观，思其用笔之理，然后可以临摹。"

这里所说"观""谛观"，即是读帖的意思。

读帖务求精细周到，首先，在读帖过程中必须对每一点、每一画、每一行以至通篇认真细致地读和体会。其次，研究字的形体结构特征，如笔画的粗细、长短、大小、高低、斜正、收放以及曲直刚柔、阴阳疏密、错落奇正，还要分析帖字的布局和神情、意态等，领会作品的倾向和意趣，进一步探索作者写此作品时的心境。

当然，对初学者来说，读帖并不是一读就懂，读后也不一定立即奏效。它有一个养成习惯和逐步提高的过程，而且应将读帖与临帖紧密结合起来，读后临，临后读，两者配合，逐步深化。

第四节 怎样临摹字帖

平常所说的临帖，实际上包括摹和临两种方法。

摹，是使笔毫在帖字点画的轨道上运行，依样画葫芦。传统的做法有三种，即双勾、映格和描红。

双勾，是用透明纸覆在帖上，先用细笔沿着帖字点画的边缘把字的轮廓勾勒出来，俗称空心字，再用墨笔填实。

映格，是用透明但不透墨的纸覆在帖上，直接用笔在上面沿着帖字的点画轨道写。现在可用塑料薄膜代纸，但需要在墨中加点肥皂水或洗衣粉，否则不吃墨。

描红，是先请先生用红笔把字样写在纸上，自己再按填空字和映格的方法来描摹。现在有用双勾或红颜色印制好字样的练习本，给我们提供了描摹的方便。

开始描摹，主要是摹仿帖上的各种用笔，因此不管用哪种方法，都要反复琢磨点画起笔、运行、结收的门道，逐步做到一笔下去正好合辙，与帖上的点画形态相似，不能将笔在一个点画上来回涂抹。在比较熟悉之后，就不仅要注意用笔，还要注意字的间架结构了。

摹帖除了以上三种方法可取外，现在还有一种更好的办法，就是用透明纸覆在帖上，先用铅笔画出每一点画的中心线（即用铅笔作映格描摹一遍），再用毛笔沿着铅笔的轨迹写出帖上的点画形态来。如要描摹《兰亭序》开头四个字，先用铅笔映格写出这四个字的骨架，再用毛笔在骨上生肉。利用这种方法描摹，我们会发现铅笔画出的轨迹，就是硬笔字；再加上毛笔的笔（轻重粗细的变化），就是很好的毛笔字了。所以采用这种方法，不仅可以同时练习字的结体和用笔，还可以捎带练习硬笔书法。硬笔书法除了使用工具的不同，造成点画形态有所不同外，其间架结体的要求是与毛笔书法毫无区别的。

以上讲的是摹帖，下面再谈谈临帖。

临帖，分为对临和背临两种。

对临，是把帖放在正前方或左边，照着帖上的字写，开始是看一笔写一笔，看一字写一字，渐渐写得熟了，可进而看一句两句再写。对临的时间长了，帖上每个字的模样儿都深深印在了自己的脑海里，这时可以不看帖，光凭印象就能把字临写出来，这就叫作背临。

临帖，不管是对临还是背临，都不宜只摹仿点画用笔，要把主要注意力集中在字的全貌上，即反复体察，观赏帖字的体势、情态，努力用自己的笔把它表现出来。进而还应顾到上下字之间，左右行之间的关系，即注意法帖的章法布局。

在临帖过程中经常会碰到这样的情况：某个字反复临写了许多遍，总是写不像，一时又找不出症结之所在，很令人苦恼。这时不妨用映格法摹一遍。一摹，往往会恍然大悟，原来就是某一点画的位置或角度没掌握好，问题一下子迎刃而解。

描摹易得其形，临写易得其神，两种方法可交叉使用。

第六章 楷书及四大家作品欣赏

第一节 楷书概述

楷书的"楷"字有楷模、范式、规范、标准、正式的含义，因此，楷书也有正书、正楷、真书的别称。

楷书的概念有狭义与广义之别。

狭义的楷书是指由隶书演变而成，成型于魏、晋、南北朝时期，兴盛于唐代的楷书字体。宋代以后的楷书，除清代碑学楷书之外，基本上是承袭魏、晋至唐代楷书的审美规范。

广义的楷书涵盖历史上各个朝代官方规定的通用正式字体，包括商代甲骨文篆书、周代金文篆书、秦代小篆、汉代隶书以及唐代以后的楷书和行楷书。广义的楷书概念，有助于我们认清各个时期的正式字体以及它们演变、传承的规律和具体形态变化特点。

一、楷书的产生

秦、汉时期是我国书法史上字体演变最为激烈的时期，不仅直接催生了小篆和隶书，也为后来楷书的生成做了长时间的酝酿和准备工作。楷书逐渐产生于小篆和隶书简省、快写的实践过程，在东汉末期和三国时期基本成型，经过魏、晋时期极致化的快速发展，到唐朝时，对楷书进行了深入、系统的规范和整理，从而达到书法史上楷书的兴盛时期。

东汉末年到唐代大约 700 年间，楷书经历了从初成到发展再到兴盛的三个时期，是楷书演变的辉煌时期。从北宋到清代的大约 900 年间，楷书主要经历了帖学书风的完善和碑学书风的崛起，表现出不断的创新和"以古为新"的探索。

二、楷书的分类

根据字形的大小，楷书可分为小楷、中楷、大楷、榜书楷书和摩崖楷书等。

根据时间的先后，可分为魏晋楷书、南北朝楷书、唐代楷书、元代楷书等。

根据书写工具和材料，可分为墨迹楷书、石刻楷书等。

三、楷书的笔法、结字和章法

小楷与行楷的笔法比较简洁、轻松、自然，没有太多的藏头护尾书写动作。唐代楷书以中楷和大楷居多，笔法最为严谨、复杂、规范。从欧阳询、柳公权、虞世南、颜真卿到褚遂良，逐渐呈现出从理性到感性、从严谨到松动、从冷峻到活泼、从硬朗到劲健的变化。北朝碑志和造像题记的笔法，表现出野逸气象，笔法险峻方硬，但也不乏秀美笔法，临写时要体现出书写笔意。

笔法与结字息息相关，平和的点画自然书写出平正的结字特征。同样道理，险峻笔法必定书写出动宕的结字。

魏、晋和南朝的楷书，结字端庄、平和，字形由扁方趋向正方，并且字形出现左低右高，体势由横向逐渐变为纵向。

北朝的楷书，结字险峻激荡，部分点画长度夸张，更加助长了这一特点。其字形呈不规则多边形变化，点画安排体现出强烈的疏密对比。

唐代的楷书结字严谨，似乎经过周密的理性推敲，而且每一位楷书大家的作品都是如此。

小楷章法自钟繇开始，表现出字距紧密、行距疏阔和有"行"无"列"的特点。以后历代的小楷，基本承袭了这一特点。

晋代楷书章法，基本承袭了钟繇的章法特点，但字距明显扩大，行距缩小。

南北朝碑志行距均等布置，空间流动感几乎完全消失，仅仅依靠字体、点画，体现动势力量。

第二节 永字八法

永字八法是古人以永字为例，概括地阐述楷书八种基本点画用笔笔势的方法。关于它的来源，历来说法不一，大约是在楷书盛行的隋唐之际，书家为指导初学者习书，便取被誉为"天下法书第一"的王羲之《兰亭序》的第一个字"永"为例，总结出一套欲以简驭繁、"以开字中眼目"的教学方法。

在永字八法中，点叫作侧，横叫作勒，竖叫作弩，钩叫作趯（音替），挑叫作策，长撇叫作掠，短撇叫作啄，捺叫作磔。点画的命名虽然很奇特，但寻其字义，皆暗含比喻，说明该点画应如何写才能得其骨力、神韵。

侧（点）：侧是倾斜不正的意思。点应取倾斜之势，如巨石侧立，险劲而雄踞。如点成平卧或正立，则呆痴失势。至于此永字之点以露锋作收，是为了与下面横画的起笔相照应而气韵一贯。

勒（横）：横取上斜之势，如骑手紧勒马缰，力量内向直贯于弩（竖）。如卧笔横拖或下斜则疲沓无力。

弩（竖）：弩是有力的意思。竖画取内直外曲之势，如弓弩直立，虽形曲而质含无穷劲力。所以竖画不宜过直，过直则如枯木立地，虽挺直而无气力。

趯（钩）：趯与跃同，谓作钩之时，先蹲锋蓄势，再快速提笔，顺势出锋。如人要跳跃，需先下蹲蓄力，然后猛然一跃而起。锋不平出，为的是与策（挑）画起笔相呼应。

策（挑）：策的本义是马鞭，这里是用其引申义策应的意思。挑画多用在字的左边，其势向右上斜出，与右边的点画相策应，形成向背拱揖的情趣。永字中的策画略微平出，主要是与右边的啄（短撇）相策应。两个笔道虽错落不相对称，其心气却相通相应。

掠（长撇）：掠是拂掠的意思。谓写掠画应如以手拂物之表，虽行笔渐渐加速，出锋轻捷（与捺相对而言），取其潇洒利落之姿，但是力量却要送到末端，否则飘荡不稳。

啄（短撇）：啄谓写短撇应如鸟以喙啄食，行笔快速，笔锋峻利，与长撇有所不同。

磔（捺）：这个命名最不好理解，它包含两层意思。第一，是就磔画在字体结构中的作用而言的。磔的本义是指肢解祭祀用的牺牲，含有解体、张裂的意思。楷书中的捺画是承隶书的波磔来的，而隶书的波磔正是为了解散小篆屈曲裹束的形式，使字的体势向外开张，所以隶书又叫分书。楷书的捺也是起这个作用。楷书中的撇捺，力虽内聚，形却外张，使字的体势舒展、活泼。如果把楷书"永"字的这一长捺改作一短侧点，力量依然内聚，却立即失去飞扬的气势。正因如此，捺画总要写得开张舒展方显精神。第二，是说这一笔要写得刚劲、利刹、有气势。磔之本义既为肢解牺牲，而肢解牺牲必以刀劈，故磔（捺）画即取刀劈之势。南方俗称捺画为刀撇，大概即源于此。

永字八法行世之后，受到历代不少书家的推崇，但它是有局限性的。永字八法可以帮助我们理解楷书的点画用笔与间架结构存在着辩证关系的道理，对练习用笔和结字有一定的启发作用，但它绝没有包括书法的全部内容和技巧。

第三节 楷书四大家及作品欣赏

楷书四大家，是对书法史上以楷书著称的四位书法家的合称，也称四大楷书，楷书四体。楷书四大家是：唐初欧阳询、盛唐颜真卿、唐朝柳公权、元朝赵孟頫。

欧阳询

欧阳询（557—641），唐潭州临湘（今湖南长沙）人。在隋代欧阳询的书法享有较高的声誉，到了唐代，年近古稀的欧阳询还在弘文馆教授书法。欧阳询早年学习王羲之的书体，传说他曾以重金购得王羲之教子习字用的《指归图》，日夜揣摩、刻苦钻研。还有一次他跟虞世南外出，途中见到晋代书法家索靖写的一块碑石，竟席地而坐，在碑旁细心观察描摹学习了3天，可见欧阳询对书法爱好之深。后来他又广泛地学习北朝的碑版石刻，同时吸取了当地一些书家的长处，再融入隶书笔意，形成"刚健险劲，法度森严"的欧体。

欧阳询的书法由于熔铸了汉隶和晋楷的特点，又参合了六朝碑书，可谓广采各家之长。欧阳询书法风格上的主要特点是严谨工整、平正峭劲。字形虽稍长，但分间布白，整齐严谨，中宫紧密，主笔伸长，显得气势奔放，四面俱备，八面玲珑，气韵生动，恰到好处。点画配合，结构安排，则是平正中寓峭劲，字体大都向右扩展，但重心仍然十分稳固，无敧斜倾侧之感，而得寓险于正之趣。欧阳询楷书碑版多为中楷，主要有《化度寺邕禅师舍利塔铭》《虞恭公温彦博碑》《皇甫诞碑》《九成宫醴泉铭》等。

《九成宫醴泉铭》介绍

魏徵撰文、欧阳询正书，碑立于贞观六年（632），记载唐太宗避暑于九成宫时发现涌泉之事。此碑结字方正端庄，平实稳健，法度严谨，用笔外柔内刚，肥瘦适度，点画形态颇有定准，个别笔道略带隶书笔意。世人誉此碑为正书第一、楷书正宗，几乎家喻户晓。

颜真卿

颜真卿（709—784），唐京兆万年（今陕西西安）人。中唐时期的书法创新代表人物，楷书端庄雄伟，气势开张。行书遒劲舒和，神采飞动。他的书法，既有以往书风的气韵法度，又不为古法所束缚，突破了唐初的墨守成规，自成一幅，称为颜体。

颜真卿是进士出身，在任平原太守时始闻名于世。安禄山起兵范阳时，河北各郡皆降服，唯有颜真卿固守平原城，为义军盟主，为唐朝尽力。最后他奉德宗之命，前往叛将李希烈处劝降，不幸遇害。而他一生忠烈悲壮的事迹，更是提高了他在书法界的地位。颜真卿的字宛如其人，自始至终均用正锋，因此所谓颜法的定型化笔法其艺术价值较少，但此笔法却能充分发挥男性的沉着、刚毅。

颜真卿的书法，号称颜体，有他独特的风格和笔法。他所留下的碑帖很多，后世的书法家认为从他的一些碑帖中可以找到"圆笔"的痕迹，和其他书法家的方笔不同。颜真卿被使用圆笔的书法家奉为开创者。他和使用方笔的王羲之，都对后世产生了既深且远的影响。

《颜勤礼碑》介绍

颜真卿为他的曾祖父颜勤礼所书的神道碑。颜真卿在779年撰文并书写此碑，是他老年成熟之作（当时他 71 岁），最能代表颜字的风格和特点。此碑结字疏朗而散漫，端庄而不拘谨，厚重而不笨拙；用笔横轻竖重，稳健沉着。可以说在结体和用笔上，作者既能从容于法度之中，又能潇散于绳墨之外，从而造就了与众不同的体势：雍容博大，气势沉雄，在敦实雄浑中又不无灵秀之气、娴雅之趣。

柳公权

柳公权（778—865），唐京兆华原（今陕西铜川）人。他初学王羲之并精研欧阳询、颜真卿笔法，然后自成一家。所写楷书，体势劲媚，骨力道健。较之颜体，柳字则稍清瘦，故有"颜筋柳骨"之称。唐穆宗尝问柳公权用笔之法，公权回答："用笔在心，心正则笔正。"

柳公权初学王羲之笔法，以后遍阅近代书法，于是极力变右军法，学习颜真卿，又融会自己新意，使他的字避免了横细竖粗的态势，而取匀衡瘦硬，追魏碑斩钉截铁势，点画爽利挺秀，骨力道劲，结体严紧，后世学书者不少以柳字为楷模。

晚唐书法经历盛中唐之后，盛极而衰，柳公权虽号一时中兴，但与颜书相比，仍略有高下之分。唐代书法隆盛一时，至此已见式微。柳公权的楷书参有欧阳询的笔法，往往将部分笔画紧密穿插，使宽绰处特别开阔，笔画细劲，棱角峻厉，虽用笔出自颜真卿，却与颜真卿的浑厚宽博不同，特别显得英气逼人。

柳体楷书在当时极负盛名，民间有"柳字一字值千金"之说。

《玄秘塔碑》简介

全称为《大达法师玄秘塔碑》，楷书，裴休撰文，柳公权正书。碑现存西安碑林。此碑结字内敛外拓，特别注意点画之间的顾盼照应关系，并令其俱拱中心，力量内聚，略事欹斜以取峻拔之势。用笔清刚利刹，多用方笔露锋，每一点画无不遒劲有力，世称"颜筋柳骨"之"骨"即指此。此碑是柳公权 64 岁时写的，很能体现他的独特风格，千百年来一直是人们学习唐楷时喜欢采用的范本。

赵孟頫

赵孟頫（1254—1322），浙江吴兴（今浙江湖州）人。他的艺术成就，尤其是书法方面的造诣，数百年来，一直为人们所熟知。他的赵体书至今仍受到不少人的喜爱。

赵孟頫生于南宋末期，是宋太祖第四子秦王德芳的后裔，即宋太祖第十一世孙。后来与元朝合作，受到元代皇帝的宠爱，"荣际五朝，名满四海"，官至翰林学士，他擅长篆、隶、楷、行、草各体，冠绝古今，是元代最显赫的书家，也是在当时，且在后世产生广泛影响的画家。

赵孟頫大楷《仇锷墓碑铭稿》《三门记》和小楷《汉汲黯传》等楷书作品引人注目，其中《三门记》被誉为"天下赵碑第一"。赵孟頫的楷书深得晋唐风韵，同时吸收了宋朝尚意的书风，最后将它们融为一体，开创了属于自己的清秀圆润的特有书风。他的楷书最大的特点就是秀美流利，用笔沉稳，章法分明，外表圆滑而筋骨内涵，点画华滋遒劲，结体宽绰秀美，平中寓险，点画之间呼应十分紧密。

《三门记》简介

《三门记》全称《玄妙观重修三门记》，赵孟頫于1302年书写，是他早年大楷书的代表作，全文共计67行，553字。其结体宽博深稳，运笔酣畅圆润。赵体楷书既保留了唐楷的一招一式，又有一些生动俊俏的行书笔法与结构，笔画形态生动自然，被誉为活的楷书。铭刻碑帖现存于日本东京国立博物馆。

附 录

中小学书法教育指导纲要

汉字和以汉字为载体的中国书法是中华民族的文化瑰宝，是人类文明的宝贵财富。书法教育对培养学生的书写能力、审美能力和文化品质具有重要作用。为推进中小学书法教育，传承中华民族优秀文化，特制定本纲要。

一、基本理念

中小学书法教育以语文课程中识字和写字教学为基本内容，以提高汉字书写能力为基本目标，以书写实践为基本途径，适度融入书法审美和书法文化教育。

1．面向全体，让每一个学生写好汉字。识字写字，是学生系统接受文化教育的开端，是终身学习的基础。中小学书法教育要让每一个学生达到规范书写汉字的基本要求。

2．硬笔与毛笔兼修，实用与审美相辅。中小学书法教育包括硬笔书写和毛笔书写教学。书法教育既要重视培养学生汉字书写的实用能力，还要渗透美感教育，发展学生的审美能力。

3．遵循书写规范，关注个性体验。中小学书法教育要让学生掌握汉字书写的基本规范和基本要求，还要关注学生在书法练习和书法欣赏中的体验、感悟和个性化表现。

4．加强技能训练，提高文化素养。中小学书法教育要注重基本书写技能的培养，不断提高书写水平。同时在教学活动中适当进行书法文化教育，使学生对汉字和书法的丰富内涵及文化价值有所了解，提高自身的文化素养。

二、目标与内容

（一）书法教育总体目标与内容。

1．学习和掌握硬笔、毛笔书写汉字的基本技法，提高书写能力，养成良好的书写习惯。

2．感受汉字和书法的魅力，陶冶性情，提高审美能力和文化品位。

3．激发热爱汉字、学习书法的热情，珍视中华优秀传统文化，增强文化自信与爱国情感。

（二）硬笔学习的目标与内容。

1．掌握握笔要领，书写姿势正确，不急不躁，专心致志。学习正确的运笔方法，逐步体会起笔、行笔、收笔的运笔感觉，逐步感受硬笔书写中的力度、速度变化，逐步体会铅笔、钢笔书写的特点。养成"提笔就是练字时"的习惯。懂得爱惜文具。

2．小学低年级学习用铅笔写正楷字，掌握汉字的基本笔画、常用的偏旁部首和基本的笔顺规则；会借助习字格把握字的笔画和间架结构，书写力求规范、端正、整洁，初步感受汉字的形体美。小学中年级开始学习使用钢笔，能用钢笔熟练地书写正楷字，做到平正、匀称，力求美观，逐步提高书写速度。小学高年级，运用横线格进行成篇书写练习时，力求行款整齐、美观，有一定速度；有兴趣的学生可以尝试用硬笔学写规范、通行的行楷字。初中阶段，学写规范、通行的行楷字。高中阶段，可以学习用硬笔书写行书，力求美观。

（三）毛笔学习的目标与内容。

小学 3－4 年级

1．掌握毛笔的执笔要领和正确的书写姿势，了解笔、墨、纸、砚等常用书写用具的常识，学会正确使用与护理。注意保持书写环境的整洁。

2．学习用毛笔临摹楷书字帖，掌握临摹的基本方法。学会楷书基本笔画的写法，初步掌握起笔、行笔、收笔的基本方法。注意利用习字格把握字的笔画和间架结构。

3．开始接触楷书经典碑帖，获得初步的感性认识。尝试集字练习。

小学 5－6 年级

1．继续用毛笔写楷书。比较熟练地掌握毛笔运笔方法，能体会提按、力度、节奏等变化。借助习字格，较好地把握笔画之间、部件之间的位置关系，逐步做到笔画规范，结构匀称，端正美观。保持正确的书写姿势和良好的书写习惯。

2．尝试临摹楷书经典碑帖，体会其书写特点，逐步提高临摹能力。在临摹或其他书写活动中，养成先动脑再动手的习惯。

3．学习欣赏书法作品。了解条幅、斗方、楹联等常见的书法作品幅式。留意书法在社会生活中的应用。通过欣赏经典碑帖，初识篆、隶、草、楷、行五种字体，了解字体的大致演变过程，初步感受不同字体的美。

4．有初步的书法应用意识，喜欢在学习和生活中运用自己的书写技能。

初中阶段

1．继续用毛笔临摹楷书经典碑帖，力求准确。有兴趣的学生可以尝试学习隶书、行书等其他字体，了解篆刻常识。

2．了解一些最具代表性的书家和作品。学习从笔画、结构、章法以及内涵等方面欣赏书法作品，初步感受书法之美，尝试与他人交流欣赏的心得体会。

3．愿意在班级、学校、社区活动及家庭生活中积极运用自己的书写技能。

高中阶段

1．巩固提高义务教育阶段书法学习成果，继续用毛笔临摹经典碑帖。

2．结合语文、历史、美术、艺术等相关学科的学习，认识中国书法的丰富内涵和文化价值，提升文化修养。

3．可以通过书法选修课深入学习，发展特长；可尝试书法作品的创作。

三、实施建议与要求

（一）教学建议与要求。

1．合理安排书法教育的教学时间。义务教育阶段书法教育以语文课为主，也可在其他学科课程、地方和校本课程中进行。其中，小学3—6年级每周安排1课时用于毛笔字学习。普通高中可开设书法选修课。

2．注重培养学生的书法基本功。临摹是书法学习的基本方式，临摹过程包括读帖、摹帖、临写、比对、调整等阶段。在临写的初始阶段，要充分发挥习字格在读帖和临写过程中的重要作用，引导学生观察范字的笔画、部件位置和比例关系。在临摹的过程中，养成读帖的习惯，形成"意在笔先"的意识。学生用毛笔临摹楷书经典碑帖，力求准确。部分书写水平较高的学生可尝试较准确的背临。

3．重视养成良好的书写习惯和态度。在书法教学过程中，尤其是学习的初始阶段，教师要对学生的书写态度、书写姿势、书写用具的使用和保持书写环境整洁进行指导，严格要求。

4．遵循书法学习循序渐进的规律。小学生初学书写首先学用铅笔，随着年龄的增长，逐步学习使用钢笔和毛笔。书法教学要以书写笔画为起点，一般应从结构简单的字到结构复杂的字，从单字练习到篇章练习，从观察例字、描红、仿影、临帖到独立书写。教师要科学、合理、系统地安排教学进程，使学生逐步掌握基本技法，不断提高书写能力。硬笔书写教学要贯穿中小学书法教育的全过程。

5．强化书写实践。要通过课堂练习、书写作业和各学科书面作业等多种方式保证学生的书写实践活动。各学科教师要注重对学生书写实践的指导，对日常作业要有明确的书写要求。努力把练字与应用有机结合起来，避免加重学生课业负担。

6．明确书法教学中文字的使用要求。按照《中华人民共和国国家通用语言文字法》有关规定，硬笔教学应使用规范汉字，毛笔临帖要以经典碑帖为范本。

7．发挥教师的示范作用。各科教师都要在板书、作业批改和日常书写中发挥表率作用，成为学生认真书写的榜样。

8．倡导多样化的教学方式方法。书法教学可采用书写实践、作业展示、欣赏评价、讨论交流等形式，激发学生学习兴趣，提高教学效率。鼓励学校、教师、学生通过互联网获取丰富的书法教育资源，加强交流，构建开放的网络书法教学平台，充分利用现代信息技术进行生动活泼的书法教学。

9．重视课内外结合。要引导学生在生活中学书法、用书法，积极开展书法教育实践活动。通过社团活动、兴趣小组、专题讲座、比赛展览、艺术节、文化节等多种形式，创设书法学习环境和氛围。充分利用少年宫、美术馆、博物馆、名胜古迹等资源，拓展书法学习空间。有条件的地区、学校还可开展校际、地区以及国际书法教育交流活动。鼓励学生在学习、生活中应用书法学习成果，发展实践能力。

（二）评价建议。

1. 评价目的。中小学书法教育评价要发挥评价的发展性功能，旨在激励学生学习书法的兴趣，养成良好的书写习惯，提高书写水平和审美情趣。

2. 评价重点。小学低、中年级的书写评价，要重视对基本笔画、结构的正确把握；关注认真的书写态度和良好书写习惯的养成。小学高年级还要关注书写的美观与流利。中学要关注书写练习的坚持和书写水平的持续提高。

3. 评价方式与方法。中小学书法教育评价应结合教学需要，灵活采用多种评价方法，可以采用圈点法、批注法、示范法以及作业分析法，也可以采用展示激励、反思总结以及建立成长记录袋等方法。评价过程中要综合采用自评、他评、互评等方式。提倡在各学科考试中设置卷面分。

中小学书法教育不举行专门的考试，不开展书法等级考试。

（三）教学用书编写建议。

1. 中小学书法教学用书包括学生用《书法练习指导》和教师用《书法教学指导》。教学用书的编写应该依照《义务教育语文课程标准（2022年版）》、高中语文、美术、艺术等相关课程标准和本纲要的有关要求，循序渐进地安排教学内容，设计教学活动，落实教学目标；要体现书法教育的基础性、实践性、阶段性和规范性。

2. 义务教育阶段《书法练习指导》应符合学生的身心发展特点，以书写练习为主体，编入精要的书写技法指导的内容，适当融入书法审美和书法文化的内容。容量适当，难易适度，注意激发学生的学习兴趣，提高学习效率。

小学低年级《书法练习指导》的编写，要参照《义务教育语文课程标准（2022年版）》附录4"基本字表"，参考同学期语文教科书的识字、写字内容，以硬笔书写的范例和书写练习为主体，适当编入精要的书写姿势和书写习惯的指导内容。

小学中、高年级《书法练习指导》的编写，以硬笔楷书、行楷和毛笔楷书为主体，重视书写练习，适当编入精要的书写姿势、书写习惯、书写技法的指导内容，适当融入书法审美和书法文化的内容。

初中《书法练习指导》的编写，以硬笔行楷字书写练习和毛笔楷书经典碑帖临摹为主体，适当编入精要的书写技法指导内容，适当融入书法审美和书法文化的内容。

高中阶段可以按照相关课程标准要求编写书法选修教材。

3. 教师用《书法教学指导》可分学段编写，在教学内容、教学方法、书法文化和书法欣赏等方面为书法教师提供典范资料和方法指导。

义务教育语文课程标准

（2022 年版）识字与写字部分

第一学段（1—2 年级）

1. 喜欢学习汉字，有主动识字、写字的愿望。认识常用汉字 1600 个左右，其中 800 个左右会写。

2. 学会汉语拼音。能读准声母、韵母、声调和整体认读音节。能准确地拼读音节，正确书写声母、韵母和音节。认识大写字母，熟记《汉语拼音字母表》。

3. 掌握汉字的基本笔画和常用的偏旁部首，能按笔顺规则用硬笔写字，注意间架结构。初步感受汉字的形体美。努力养成良好的写字习惯，写字姿势正确，书写规范、端正、整洁。

4. 学习独立识字。能借助汉语拼音认读汉字，学会用音序检字法和部首检字法查字典。

第二学段（3—4 年级）

1. 对学习汉字有浓厚的兴趣，养成主动识字的习惯。累计认识常用汉字 2500 个左右，其中 1600 个左右会写。有初步的独立识字能力。会运用音序检字法和部首检字法查字典、词典。

2. 写字姿势正确，养成良好的书写习惯。能用硬笔熟练地书写正楷字，做到规范、端正、整洁。用毛笔临摹正楷字帖，感受汉字的书写特点和形体美。

3. 能感知常用汉字形、音、义之间的联系，初步建立汉字与生活中事物、行为的联系，初步感受汉字的文化内涵。

第三学段（5—6 年级）

1. 有较强的独立识字能力。累计认识常用汉字 3000 个左右，其中 2500 个会写。感受汉字的构字组词特点，体会汉字蕴含的智慧。

2. 写字姿势正确，有良好的书写习惯。硬笔书写楷书，行款整齐，力求美观，有一定速度。能用毛笔书写楷书，在书写中体会汉字的优美。

第四学段（7—9 年级）

1. 能熟练地使用字典、词典独立识字，会用多种检字方法。累计认识常用汉字 3500 个左右。

2. 写字姿势正确，保持良好的书写习惯。在使用硬笔熟练地书写正楷字的基础上，学写规范、通用的行楷字，提高书写的速度。临摹、欣赏名家书法，体会书法的审美价值。